# 자연법디코드

나는 누구이며 어떻게 살아야 하는가

Decode of Natural Law

# 자연법디코드

## 나는 누구이며 어떻게 살아야 하는가

담론만 무성하고 그 끝이 보이지 않는 인문학의 종결판!!

송광한 지음

지식공감

# / 차례 /

서문 … 6

프롤로그 … 15


## 제1장 / 마음

공간과 기억 … 25

마음 … 35

열림과 닫힘 … 50

행복과 불행 … 64

마음의 길 … 80

## 제 2 장 / 환경

자연 … 93
문명 … 97
현대 사회 … 105
환경의 길 … 114


## 제 3 장 / 근원

대자연의 근원과 생성 … 129
지구 … 138
인간과 깨달음의 길 … 146

## 서문

나는 20여 년 동안 중고등학교에서 아이들을 가르쳤고 지금은 대학에서 미래에 교사가 될 학생들을 지도하고 있다. 이런 이유로 짧지 않은 세월 동안 수많은 학생들을 만나고 해마다 변화해가는 학생들의 모습을 지켜보게 되었다.

매년 새로 학교에 들어오는 아이들의 모습은 변하고 있다. 일반적으로 신체적 외모는 더 아름다워지고 있다고 볼 수 있다. 하지만 내면의 모습은 오히려 그 반대로 변화하고 있음을 실감한다. 어느 시대 인간의 모습이 그 기준이 될 수 있는지 정확히 알 수는 없지만 세대가 바뀔 때마다 이런 생각이 있어 온 것을 고려해보면 시대가 흘러감에 따라 인간의 내면이 점점 더 바람직하지 않은 방향으로 변해가고 있다고 생각된다.

어디 사람의 모습만 변하고 있는가? 오늘날 삶의 환경인 인간사회와 자연의 모습도 마찬가지이다. 사회의 겉모습은 계속 더 화려해지고 풍요로워지고 있지만, 사람들

사이의 반목과 경쟁, 더 나아가 물리적 충돌 등의 심화로 사회는 혼란과 불안의 어두운 그림자가 더욱 짙게 드리워지고 있다. 자연 또한 경쟁적이고 무분별한 문명 발달로 인해 오염되고 파괴되어 인류의 건강과 생존을 위협하고 있다.

그럼에도 불구하고 이런 변화를 막을 만한 어떤 해결책도 생각하기 힘든 상황이다. 사회의 지도체제인 정치가 이런 문제를 해결할 수 있을 것이라고 기대하기는 힘들다. 오히려 각국의 정치 지도자들은 사회적 갈등의 주요 생산자일 뿐만 아니라 문명창조의 무한경쟁 대열의 선두에 서서 더 찬란한 문명의 필요성을 외치고 있어 문제를 더욱 악화시키고 있다.

사회 및 자연의 환경 문제가 근본적으로 인간의 마음에서 비롯된다는 점을 부인할 사람은 없다. 더 정확히 말하면 인간의 마음이 서로 다르다는 점과 그 다름이 조화와 풍요를 가져다주기는커녕 갈등과 충돌로 사회를 더욱 불안과 혼란에 빠뜨리고, 인간이 창조한 모든 문명이 자연환경을 심하게 오염시키고 파괴하고 있다. 따라서 인간의 마음의 문제를 밝히고 그 해결책을 찾는 일은 무엇보다도 가장 시급한 일이다.

　인류 역사상 인간의 마음에 대한 가장 근본적이고 본질적인 탐구와 마음에서 비롯된 문제들의 해결책을 찾기 위한 가장 오래된 노력의 형태는 종교이다. 종교가 최고의 가르침으로 통용되고 있는 이유도 여기에 있다. 세계 3대 종교에 속하는 불교와 기독교는 2,000여 년 전부터 인간의 마음의 문제에 대해 고뇌하여 그 원인을 깨닫고 진정으로 행복한 마음으로 갈 수 있는 길을 제시하고 있다. 석가모니는 불행의 근본 원인을 찾기 위해 마음이라는 산을 고행으로 올라 마침내 '무지'라는 곳에 이르렀고, 우주 만물이라는 산을 올라 공과 무아의 근원을 깨닫고 그에 따라 길을 설파했다. 예수는 구약의 깨달음대로 인간 불행의 근원이 우주 만물의 창조주 하나님으로부터 시작되었음을 믿었다. 그리고 불행으로부터 벗어나기 위해서는 오직 하나님을 믿고 그에게 진정으로 회개하는 길만이 인류가 행복해 질 수 있음을 깨닫고 자신을 제물로 바쳐 하나님께 용서를 빌었다.

21세기에 이른 오늘날까지 적지 않은 사람들은 그들을 최고의 깨달음을 얻은 스승으로 믿고 마음의 행복을 구하고 있다.

그러나 오늘의 상황에 비추어 볼 때 지구촌의 모든 사람들이 부처나 예수를 믿어 행복해지고, 그 결과로서 사회 및 자연 또한 건강하고 평화로운 세상이 되리라고 믿는 사람은 많지 않다고 생각된다. 그렇게 되기도 전에 인간과 삶의 환경이 회복 불가능한 불행에 빠지게 될 수도 있어 보이기 때문이다. 그런 점에서 이 시대에는 새로운 길이 요구된다.

사회적으로 심화된 갈등과 충돌, 자연의 오염과 파괴로 인한 삶의 환경이 극도로 혼란하고 생존 자체를 위협하고 있는 상황에서 마음의 행복이나 해탈 또는 사후 구원이나 내세를 위해 현실로부터 멀리 떠나 하나님이나 무아의 깨달음에 집착하는 것이 최선일 수는 없다. 또한 과학이 고도로 발달한 오늘날 부처나 예수가 깨닫거나 믿는 진리에 대한 사회적 공감대 형성도 어려운 실정이며, 두 종교 모두 산의 정상은 여전히 베일에 싸여 있다. 부처는 마음 산의 무지라는 곳까지만 올랐을 뿐 무지를 지나 그 산 정상은 아직 구름에 가려져 있고, 예수가 믿었던 우주 만물 산 정상의 모습(하나님)은 부처가 말한 것(공)과 다르며, 어떻게 인간의 마음이 불행하게 되었는지의 실제 과정에 대한 진실도 아직 어둠 속에 묻혀 있다.

서로 다른 생각으로 갈등하거나 충돌하지 않고, 상반된 방향으로 분열되어 나아가지 않으며, 무분별하게 이루어지고 있는 문명 창조의 경쟁 대열을 포기할 수 있는 전기를 마련하기 위해서는 부처나 예수 이상의 깨달음이 요구된다. 그러기 위해서는 모든 인간을 정상 또는 비정상 (장애), 선 또는 악, 행복 또는 불행의 관점에서 평가할 수 있어야 한다. 그렇게 될 때 비로소 자신이 누구인지를 알게 되고 거짓된 정상과 선과 행복으로 위장된 마음에 스스로 속지 않게 될 것이며, 올바른 정치 세력도 확립되어 사회적 혼란이나 자연 파괴의 문제도 해결될 수 있을 것이다.

인간을 마음의 관점에서 정상 또는 비정상(장애), 선 또는 악, 행복 또는 불행으로 평가하기 위해서는 서로 다른 인간 마음 각각의 원인은 무엇이고 그 결과는 무엇인지에 대한 인과법칙을 알아야 한다. 어떤 마음의 원인이나 결과가 모두 이로울 때 그 마음을 정상, 선, 또는 행복이라고 부를 수 있다. 반면 어떤 마음의 원인과 결과가 해로우면 비록 그것이 정상이고, 선이요, 행복처럼 느껴질지라도 그 마음은 비정상(장애)이고, 악이요, 불행으로 판단해야 할 것이다.

또한 인간이 어떻게 살아야 하는가를 알기 위해서는 정상이고 선이고 행복의 마음이 어떻게 비정상(장애)이고, 악이고, 불행한 마음으로 변화되는가의 인과법칙을 알아야 한다. 그 법칙을 알게 될 때, 비정상이고 악이고 불행의 마음을 어떻게 정상, 선, 행복의 마음으로 변화시킬 수 있는지에 대한 길을 찾을 수 있고, 영원히 그렇게 사는 길을 알 수 있기 때문이다.

마음 작용의 인과법칙과 마음 변화의 인과법칙 전체를 보려면 인간의 모든 마음이 생성되어 나오는 근원인 마음 산 정상에 올라야 한다. 산 정상에서 산 아래 펼쳐진 인간의 서로 다른 마음들을 전체적으로 볼 수 있으며, 그 마음들이 왜, 어떻게 생성되고, 변하게 되는지도 볼 수 있기 때문이다.

인류의 미래에 대해 낙관적인 견해를 지니고 있는 사람은 그리 많지 않은 것 같다. 인간 사회가 극단의 대결로 치닫고, 자연환경은 심하게 오염되고 파괴되어 인류의 종말이 필연적으로 올 것이라고 생각하는 사람들이 많다. 그러나 인간 지식의 진화로 볼 때 시대 최고의 깨달음으로 해결의 길을 찾을 수 있다는 믿음을 가지고 있다. 이 시대 인류사회가 처한 위기로부터 벗어나기 위해 인간이 깨달아야 할 것이 무엇인지에 대한 논의가 활발하게 이루어지고 결국 그것을 찾고 그에 따름으로써 오늘의 위기를 벗어나 평화로운 인간과 지구촌 사회로 나아갈 수 있는 일대 전환이 일어나기를 간절히 바라는 마음에서 이 책을 쓴다.

이 책은 3부로 구성되어 있다.

1부에서는 마음의 근원을 통해 인간의 마음을 전체적으로 보고 서로 다른 마음의 원인과 변화의 원인, 그리고 그 결과를 기술하고 있다. 그리고 그 인과법칙을 바탕으로 인간의 마음을 정상과 비정상(장애), 선과 악, 행복과 불행의 관점으로 평가하여 나는 누구인가에 대한 해답을 제공해 주고 있다.

2부는 인간이 환경과 어떻게 상호작용하여 변화해 가는지의 변화의 인과법칙이 소개되고 있다. 그리고 그 법칙을 바탕으로 인간이 어떻게 살아야 되는지의 길을 안내한다.

마지막 3부는 우주 근원과 인간을 포함한 대자연 생성에 관한 이야기로 오늘날 우주 생성에 대한 과학적 논쟁과 신의 존재와 관련한 철학적, 종교적 논쟁에 새로운 시사점을 제공해 주고 있다.

전체가 서로 연결되어 살아 있는 세계를 정지되고 분절된 언어를 통해 표현하는 데는 한계가 있다. 의도와 다르게 표현이 적절하지 않는 부분들이 많을 수 있으므로 이에 대한 넓은 이해를 구한다. 아울러 필자의 눈과 귀가 아직 미숙하고 마음 또한 아직 미혹하여 필자가 보고 들은 것과 마음으로 구한 것이 사실이 아닐 수 있다는 점을 인

정한다. 더 밝은 눈과 귀로 오류가 바로 잡힐 수 있기를
기대한다.

오늘에 이르기까지 나를 절대적으로 후원해주고 도와
준 나의 아내에게 새삼스럽지만 고마움을 전한다. 그녀는
나의 진실한 삶의 동반자이자 조력자로서 나의 이야기를
기꺼이 들어주고 내가 글을 쓸 때마다 조언해주고 읽어주
고 바로잡아 주었다. 멋진 책으로 독자들에게 전달될 수
있도록 도와주신 도서출판 지식공감의 김재홍 사장님과
박상아 선생님, 박선경 선생님, 이슬기 선생님께도 감사의
마음을 전한다. 이 책을 접한 독자분들께도 마음의 평온
과 깨달음이 함께하기를 기원한다.

체구나 얼굴이 멋있는 것과는 거리가 멀지만 나는 인상
이 좋다는 말을 자주 듣는다. 나이가 많은 사람들에게 더
자주 듣는 편이지만 아직 삶의 경험이 많지 않은 제자들
도 그렇게 말하곤 한다. 해마다 스승의 날에는 큰 모조지
위에 학생들이 빽빽하게 메시지를 적어서 주는데 절반 가
까이가 내 인상에 대한 이야기일 정도이다. 그래서인지 처
음 만나는 사람일지라도 쉽게 가까워지고 속마음까지 듣
게 되는 경우를 자주 경험하게 된다.

내 인상에 대한 평가는 주로 평온과 선이라는 말로 표
현된다. 그럴 때마다 나는 '얼굴 명상'을 생각하곤 한다.
명상은 보통 마음을 비우기 위해서 하나의 대상에 집중하
여 잡념을 없애고 편안한 마음을 얻기 위한 것으로 호흡
명상과 걷기 명상 등을 들어 알고 있다. 얼굴을 바라보고
평온함이나 좋은 느낌을 얻게 된다면 그것도 명상의 한
방법이 될 수 있다고 생각한다. 언뜻 생각하면 호흡 명상
이나 걷기 명상과 달리 얼굴 명상이나 사람 명상은 그 대

상이 다소 정적이어서 효과가 없을 것이라고 생각할 수 있다. 그러나 자세히 보면 사람과 얼굴은 호흡이나 걷기보다 더 다양한 동적 현상임을 발견할 수 있다.

얼굴은 마음의 거울이고 눈은 마음의 창이라는 말이 있다. 보이지 않는 내면의 마음이 얼굴 표정과 눈빛을 통해 나타난다는 의미일 것이다. 그런데 인간의 마음은 그 무엇보다 변화무쌍하다. 마음은 한시도 멈추지 않고 변화하기 때문에 인간의 얼굴 또한 끊임없이 변한다.

요즘 우리 사회에 배려와 공감의 마음이 부족하다는 얘기를 많이 듣는다. 사회적 갈등뿐만 아니라 폭력이나 전쟁 등의 사회적 부조리들 또한 그런 마음의 부재로부터 발생한다고 볼 수 있다. 공감과 배려의 마음은 타인의 마음을 먼저 알아야 생길 수 있다. 타인의 마음을 알기 위해서는 타인의 얼굴을 보아야 한다.

미묘하고 변화무쌍한 마음의 변화를 알아차리기 위해서는 타인의 얼굴에 주의를 집중하고 시선을 유지하는 일, 즉 얼굴 명상이 도움이 될 것이다. 내면 마음의 세계를 자연스럽게 반영하는 눈빛과 얼굴에 대한 명상을 통해 언제 어디에 있든 가장 먼저 사람을 보고 마음을 이해하고 공감하고 배려한다면 사회는 자연히 따뜻하고 평화로운 분위기로 바뀌게 될 것이다.

이야기를 주제로 다시 나에게로 돌린다. 나는 언어 능력이 뛰어나거나 '언어적'이지 못하다. 말을 세련되고 논리정연하게 잘하지도 못하고 글을 읽고 쓰기를 즐겨하지도 않는다. 하지만 내가 항상 읽는 책이 하나 있다. 그 책은 실제 세계 그 자체로서 스스로 말하는 살아 있는 책이며 눈만 뜨면 들린다. 더 신비한 것은 그가 하는 말은 만국 공통어이다. 동서고금 남녀노소를 막론하고 듣고자 한다면 누구나 다 들을 수 있다.

내가 살아 있는 책을 읽는 방식이 있다. 살아 있는 세계가 말하는 대로 듣고, 보이는 대로 읽는다. 한 부분에 오래 머물지 않고 계속 이동하며 세계를 폭과 깊이에서 전체적으로 본다. 사실 나는 실제 세계의 복잡한 현상들을 단순하게 볼 수 있는 능력이 뛰어나다. 고백하건대 그 이유는 복잡성에 일관되게 숨겨져 있는 원리의 단순함 때문이다. 아무리 복잡해 보이는 현상일지라도 그를 지배하는 원리는 단순하다.

이 책의 내용이 나의 이런 인지적 특이성의 결과물이며 대부분을 논문이나 학회발표를 통해 전달하려는 노력을 기울였다는 사실을 밝힌다. 다양한 인문학적 논쟁들 중에서 지능과 영재, 학습 장애, 자폐와 정서 및 행동장애, 행복 등이 내가 연구한 대표적인 주제들이다.

지능이 무엇이고 인간의 지능은 몇 가지가 있는가, 영재란 어떤 사람이고 머리는 좋은데 공부를 못하는 원인이 무엇인가, 오늘날 우리 사회에 자폐와 정서·행동장애가 급속도로 증가하고 있는 인지적 배경은 무엇인가를 주제로 논문을 발표해왔다.

또한 행복에 대한 논쟁만큼 오래된 인문학적 논쟁도 없을 것이다. 행복은 인간 삶의 궁극적인 목적으로 여겨지고 있기에 행복이 무엇인지 알지 못할 때 우리는 어떻게 살아야 하는가의 방향을 잡을 수 없다. 어떻게 살아야 하는가는 요즘 또 다시 뜨겁게 재조명이 되고 있는 인문학의 핵심 주제이지만 그에 대한 합의된 대답은 나오지 않고 있다.

나는 인간의 모든 마음이 생성되어 나오는 마음의 근원을 통해 이런 논쟁을 해결하려고 시도했고, 그 결과는 중요한 시사점들을 제공해주고 있다. 지능이 무엇인지에 대한 과학적이며 근원적인 새로운 정의를 제시하고 인간의 지능이 단 하나임을 밝히고 있는데, 주목할 점은 지식을 형성하는 지능이 자연 만물을 형성하는 능력과 동일하다는 것이다.

영재성과 자폐에 관한 논문에서는 역사적으로 다양한 영역에서 위대한 업적을 남긴 위인들을 포함하여 오늘날 영재나 전문가들로 이해되고 있는 사람들이 영재나 지적 능력이 뛰어난 사람들이 아닐 수 있다는 결론을 내리고 있다. 즉 그들 중 일부는 인간으로서 지닐 수 있는 최고 수준의 지능을 지닌 영재가 아니며, 자폐로 인해 뛰어난 능력을 발휘하여 영재처럼 보인다. 또 지능에 비해 공부를 너무 못하는 학습장애는 장애가 아니며, 오히려 지능에 비해 공부를 더 잘하거나 창의력이 매우 뛰어난 우등생이 자폐 장애일 수 있음을 암시한다.

인지와 정서 및 행동장애들이 단 하나의 원인을 공유한다는 논문의 결론은 그 단일 원인 제거로 인간의 다양한 모든 정신적 질병들을 치유할 수 있음을 시사하고 있다.

또한 마음의 인과 법칙을 통해 무엇이 진정한 행복인가를 살펴본 행복에 대한 논문은 오늘날 우리 사회가 속기 쉬운 거짓 행복을 진정한 행복으로 오인하고 거짓 행복을 추구하도록 열심히 교육하고 권장하고 있는 현실을 지적하고 있다.

나는 마음의 인과 법칙에 대한 깨달음이 다양한 정신적인 문제로 고민하는 사람들에게 매우 효과적인 치유를 가져다준다는 점을 확인하였다. 자신의 정체성에 대해 늘 혼란한 상태로 사회성마저 결여되어 사는게 힘들어하는 한 여성을 최근에 만난 적이 있다. 명문대학 출신의 뛰어난 지적 능력을 소유한 엘리트 여성이었으나 '나는 누구인가'라는 문제를 해결하기 위해 긴 시간동안 다양한 종교적인 접근과 의학적인 치료를 시도하였으나 큰 효험을 보지 못하고 새로운 방법을 시도하려던 참이었다.

그러나 필자의 단순한 마음의 근원적 원리를 듣는 순간 깨달음을 얻어 그 고질적인 자신의 문제의 본질을 파악하고 그 문제로부터 벗어날 수 있었다. 그녀와의 만남은 이 책을 출간하기로 결정한 하나의 계기가 되었다.

마음의 근원적 원리를 알 때 마음을 자유자재로 조정하기가 쉬워지고, 불행한 마음의 근원적 원인을 알게 될 때 마음의 문제는 순간 단순하고 효과적인 방법으로 해결될 수 있다고 믿는다.

제 1 장

마음

# 공간과 기억

세계에 두 공간(空間)이 있다.
하나는 실제 세계가 존재하는 외부 공간이요,
다른 하나는 기억의 세계가 존재하는 내부 공간이다.

두 공간에 자극(刺戟)이 있다.
외부 공간에 존재하는 자극은 외부 자극이요,
내부 공간에 존재하는 자극은 내부 자극이다.

자극은 주의(注意)를 이끈다.
주의는 두 공간으로 분할되어 향한다.
외부 공간으로 향하는 주의는 외적 주의요,
내부 공간으로 향하는 주의는 내적 주의이다.

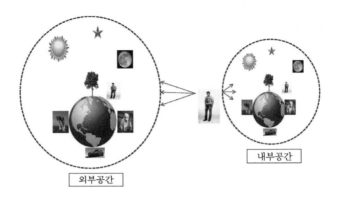

주의는 의식(意識)을 이끈다.

의식도 두 공간으로 분할되어 향한다.

외부 공간으로 향하는 의식은 외적 의식이요,

내부 공간으로 향하는 의식은 내적 의식이다.


공간이 있는 곳에 자극이 있고 자극이 있는 곳에 주의가 있으며 주의가 있는 곳에 의식이 있다. 공간과 자극, 주의와 의식은 항상 함께 한다.


자극에 주의와 의식이 끌리면 자극은 감각(感覺)이 된다. 외부 자극이 감각되면 이는 외적 감각이고 내부 자극이 감각되면 이는 내적 감각이다.

---

자극이 감각되면 서로 구별된다. 이를 인식(認識)이라
한다.

자극이 구별되면 상호관계성으로 서로 연결되어 형상화
(구조화)된다. 이를 지식(知識)이라고 한다.

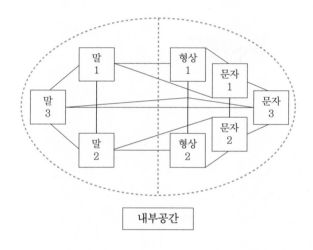

내부공간

자극은 감각되고 구별되며 서로 연결되어 쓰고, 달고,
맵고 짜고, 뜨겁고, 차가움의 감각적(感覺的) 지식이 형성되
고, 옳고 그름의 이성적(理性的) 지식이 형성되며, 좋고 나
쁘고, 기쁘고, 화나고, 슬프고, 즐거움의 감정적(感情的) 지

식이 형성되고, 과거와 미래의 시공간적(視空間的) 지식이
형성된다.

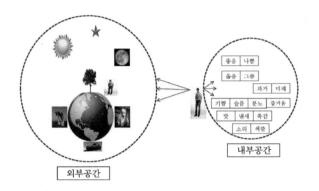

인식과 지식을 인지(認知)라 하고 인지는 사고(思考)이다.

외부 자극을 감각하고 인식하고 상호관계성을 통해 서
로 연결하여 지식을 형성하는 것은 외적 사고이고, 내부
자극을 감각하고 인식하고 상호관계성을 통해 서로 연결
하여 지식을 형성하는 것은 내적 사고이다.

감각되고 구별되고
연결된 자극은 내부 공간에 머문다.
내부 공간에 머무는 자극을 기억(記憶)이라고 한다.

감각 자극은 감각 기억이요
구별된 자극은 인식 기억이요
연결된 자극은 지식 기억이다.

기억은 마음의 그림자(흔적)이다.

## 공간과 기억

    내부 공간은 두 개로 나뉘어져 있는데 하나는 소리공 간이고 다른 하나는 빛 공간이다. 내부 공간은 일반적으로 나이에 따라 성장한다.

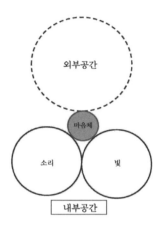

    정상적인 아이는 태어날 때 내부 공간이 작아 주의가 내부로 이끌리지 않기 때문에 기억이 형성되지 않는다. 인간이 태어날 때 백지 상태로 태어난다는 경험론의 대가 로크(John Loke)의 입장과, 2세 이전의 아동들은 눈앞에서 물건이 사라지면 없는 것으로 생각한다는 구성주

의의 대가 피아제(Jean Piaget)의 주장은 이런 원리로 가능한 것이다. 피아제는 인간은 태어날 때 백지가 아닌 발달적 잠재력을 지니고 태어난다는 입장을 취한 루소(Jean Jacques Rousseau)계열에 속한 사람이다.

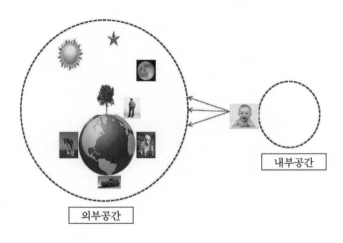

외부공간

내부공간

그러나 아이가 성장하면서 내부 공간이 서서히 커지고 내적 주의가 증가하여 기억이 형성된다. 피아제는 이런 발달적 현상을 '표상 형성'과 '대상영속성'이라는 개념으로 표현하고 있다. 이 시기에 아동은 눈앞에서 물건이 사라져도 다른 곳에 존재한다고 생각한다.

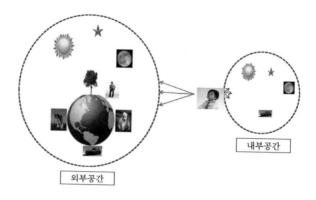

내부 공간이 더 성장하면 기억이 강해지고 내적 주의가 증가하여 내적 사고가 발달하게 된다. 따라서 언어가 발달하며 상상력이 생기고, 더하기, 빼기 등 셈하기 능력이 나타난다. 이렇듯 인간의 인지발달은 내부 공간의 성장과 주의 집중의 증가를 토대로 이루어진다.

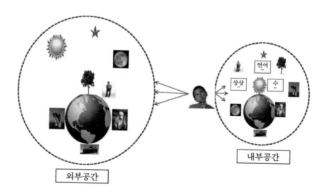

— 공과 전체

아무 것도 없을 때
나도 없다.

하나를 만나면
나는 비로소 하나가 된다.

둘을 만나면
나는 둘이 된다.

열을 만나면
나는 열이 된다.

전체를 만나면
나는 우주가 된다.

처음부터
나는 없다.
그러나
처음부터 나는 우주 전체다.

— 눈


세상을 알고 싶다면
자신의 눈이 아닌
세상의 눈으로 세상을 보아야 한다.

세상의 눈으로 세상을 보면
있는 그대로 세상이 보이지만
자신의 눈으로 세상을 보면
자신의 뜻대로 세상이 보인다.

세상의 눈이 되고자 한다면
자신의 눈을 버려야 하고
자신의 눈이 없어질 때
비로소 세상이 바르게 보인다.

# 마음

자극을 감각하고 구별하며 지식을 형성하는 모든 작용을 마음 작용이라고 한다.

마음 작용의 주체는 '나'다.

'나'는 욕구를 지닌다.
나는 감각적 욕구, 인지적 욕구, 정서적 욕구, 신체적 욕구로 자극을 감각하고, 구별하고, 지식을 형성하며 감정을 표현하고 몸을 움직이려 한다.

'나'는 능력을 지닌다.

그 능력은 감각능력, 인지능력, 정서능력, 신체능력이다.
'나'는 자극을 감각하고, 인식하며, 지식을 형성하고, 감정
을 표현하고 몸을 움직일 수 있다. 이를 감각작용, 인지작
용, 정서작용, 신체작용이라 한다.

'나'는 마음체이며, '나'의 작용은 마음 작용이다.
마음 작용을 마음이라 한다.

'나'는 자극을 만날 때 비로소 작용하기 시작한다.

마음체와 기억 공간인 내부 공간의 수준에 따라 다양한
마음이 생성된다.
마음체의 수준이 낮을수록 협소하고 피상적인 마음이
형성되고 마음체의 수준이 높을수록 넓고 심오한 마음이
형성된다.

마음체 수준이 아주 낮으면 협소하고 피상적 마음조차
도 잘 형성되지 않아 일상생활에도 지장이 초래된다.

마음체 수준이 아주 높으면 몹시 넓고 심오한 마음이 형성되므로 피상, 심층, 근원으로 구성된 세계 '전체'에 대한 깨달음을 얻는다.

한편, 기억 공간인 내부 공간이 작을수록 자유롭고 평온한 마음이 형성되고 내부 공간이 클수록 집착하고 번뇌하는 마음이 형성된다.

내부 공간은 3단계로 성장한다.

내부 공간이 가장 작은 1단계에서는 약한 감각 기억이 형성되므로 내적 주의가 약하고 기억에 대한 감각 반응도 약하다. 이로 인해 욕구가 약하게 일고 내적 사고가 활발하지 않아 언어, 조작, 창조, 상상 등과 같은 마음 활동에 집중하기 어려워 내부 공간이 크게 활성화되지 않는다. 이를 평온(平溫)이라고 한다.

평온은 내부 공간이 낮은 수준에서 활성화되어 소박한 감각적, 지적 활동이 이루어지는 마음의 상태로, 잔잔한

호수에 비유될 수 있다. 무슨 생각을 하든지 생각에 많은 주의와 의식을 동반하지 않는다.

평온은 기억에 대한 집착이 없는 자유로운 마음으로부터 온다. 감각적 욕구나 지적 욕구가 잔잔하므로, 소리, 색, 맛, 향, 또는 촉감 등 오감의 자극에 집착하지 않고, 지식에 집착하지 않으며, 감각적 탐구나 지적 탐구에 몰두하지 않고 옳고 그름과 희로애락에 집착하지 않는다.

마음이 평온하면 주의와 의식이 감각 기억에 강하게 얽매이지 않아 본래의 자리에서 멀리 이탈하지 않으며 다수로 분열되지 않고 큰 하나로서 머문다. 이를 온 주의와 온 의식(또는 온 마음)이라고 한다. 마음이 평온하면 기억에 의해 새로운 경험이 제약을 받거나 왜곡되지 않으며, 의식이 뚜렷하여 순간순간 자신의 마음과 몸, 주변 환경의 미묘한 상태 변화를 전체적으로 잘 알아차리고, 분열되지 않는 하나의 마음의 주인이 되어 큰 갈등 없이 자신의 의지대로 마음을 쉽게 이끌어 나갈 수 있다.

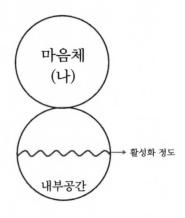

마음체
(나)

활성화 정도

내부공간

  마음이 평온하면 대부분의 주의가 실제 세계가 존재하는 외부 공간으로 향하기 때문에 온 마음으로 순간순간 끊임없이 변화하며 살아있는 실제 세계와 항상 함께 하고, 있는 그대로 보고 받아들이며 기억한다. 주변 환경의 변화에 쉽게 적응하고 그에 따라 적절하게 대응할 수 있고 현재에 머물 수 있다. 뿐만 아니라 감각 기억에 주의나 의식이 얽매이지 않아, 외부 공간의 새로운 감각 자극으로 자유롭게 이동할 수 있는데 이를 자유(自由)라 한다. 자유로운 마음은 주의와 의식이 자극들 사이를 빠르게 이동하므로 세계를 전체적으로 조망하고 실제 모습을 빠르게 깨닫게 된다. 이는 인간의 본래 마음, 즉, 첫 마음의 모습이다.

내부 공간이 2단계로 성장하면 감각 기억이 더욱 강해져 더 많은 주의와 의식이 내부 공간으로 이끌려 강한 내적 주의가 발생한다. 이로 인해 마음은 더 강하게 활성화된다.

강한 내적 주의와 의식은 내적 사고를 증가시키므로 내부 공간에서 감각하고 사고하는 경향이 증가되어 언어, 조작, 상상 등과 같은 마음 활동을 선호하게 된다. 외부 세계의 경험을 상징으로 표현하거나, 조작 또는 왜곡하여 새로운 자극이나 지식을 형성하는 창의적인 활동에 더 몰입하게 되므로 언어적, 조작적, 창의적 마음이 증가하고 내부 공간이 강하게 활성화된다. 이를 '번뇌[1]'(燔腦)'라 한다.

번뇌는 내부 공간에 강하게 집중하여 감각이나 사고에 몰입하는 모든 마음이 해당된다.

........................................

1  여기의 번뇌는 내부 공간의 활성화와 관련된 개념으로 집착, 무명, 갈애, 탐욕, 진노 등 주로 부정적 마음을 지칭하는 불교의 번뇌(煩惱)와 다름.

마음이 번뇌하면 주의와 의식이 본래 마음에 머무르지 않고 분열되고 무의식이 증가하며 분주해진다. 욕구가 강하게 일어남에 따라 '나'의식이 강해지며 다수로 분열된 '나'들이 강해져 갈등이 증가하고 스스로를 통제하기 힘들게 된다.

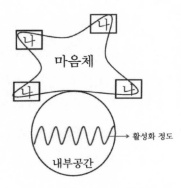

마음이 번뇌하면 외부 공간으로 향하는 외적 주의가 상대적으로 적어지므로 끊임없이 변화하는 외부 실제 세계를 있는 그대로 전체적으로 보지 못하게 된다. 이에 외부 세계의 변화에 무지하고 잘 적응하거나 대응하지 못한다. 변화보다 동일성을 고집하게 되며, 감각 기억에 강하게 얽매여 새로운 감각 자극으로 자유롭게 이동하지 못하게 된

다. 이를 '구속(拘束)' 또는 '집착(執着)'이라 한다. 이는 인간의 중간 마음의 모습이다,

내부 공간의 크기가 가장 큰 3단계까지 성장하게 되면 감각기억이 극단적으로 강해져 지나친 주의와 의식이 내부 공간으로 이끌리게 된다.

극단적 내적 주의와 의식은 내적 감각과 사고를 매우 용이하게 하고 선호하게 한다. 감각기억에 집착하고 읽기, 쓰기, 상상하기 등 내적 사고에 극단적으로 몰입하여 새로운 감각 자극(맛, 향, 촉감)을 창조하고, 과도하게 변경하거나 조작하여 새로운 지식(소설, 시, 기하학, 수학, 음악, 미술, 스포츠, 발명 등)을 창조하게 한다.

극단적인 내적 주의가 발생하면 감각 반응이 극도로 민감해져 오히려 감각을 회피하려는 자기 보호 행동을 취하고, 보통 사람들이 전혀 느끼지 못하는 범위의 자극까지도 감지하게 되어 조금만 방심하면 수많은 자극들에 의해 주의와 의식이 분산되고 이끌려 다니므로 마음이 몹시

분주해진다. 대부분의 주의와 의식이 본래 마음에서 떠나 있어 순간순간 자신의 마음과 몸, 그리고 주변 환경의 미묘한 변화 상태를 전체적으로 알아차리지 못하게 된다. 다수의 '나'가 난립하여 서로 대립하고 갈등하는 혼란 상태가 되어 하나 된 마음으로 자신을 이끌어 나갈 수 없는 상태, 즉 진정한 통제자가 없는 상황에 처하게 된다.

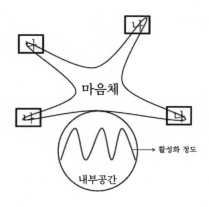

또 극단적인 내적 주의가 발생하면 강한 기억에 얽매여 현실과 상상을 혼동하고, 과거와 미래에 대한 사고에 번뇌하며, 기억과 동일한 상황을 고집하고 외부 상황을 왜곡하거나 조작적으로 받아들이는 경향이 매우 강화된다.

또한 상대적으로 부족한 외적 주의로 인해 외부 세계를 전체적으로 보지 못하고 특정 사물이나 현상만을 제한적이고 세밀하게 보게 된다. 새로운 주변 사물이나 상황으로 주의가 확장되지 못해 끊임없이 변화하며 살아 있는 외부의 실제 세계와 함께 하지 못한다. 외부 세계에 대해 무지가 발생하여 잘 소통하지 못하고 변화에 대한 적응력과 대응력이 부족하여 자신만의 세계로 도피하려는 경향이 매우 강해진다. 이는 인간의 끝 마음의 모습이다.

## 정신분열증

  정신분열증은 청소년기나 성인기에 주로 발병하지만 지적 능력에 문제가 있는 사람에게서 나타나지 않는 것으로 알려져 있다. 그런데 정신분열증은 3세 이전에 발병하고 지적 장애를 지닌 아동에게서 주로 나타나는 자폐 장애와 주요 증상이 유사해서 초기 임상의들 사이에서는 두 장애 명칭을 서로 대체적으로 사용할 정도였다. 더구나 신경계와 유전자, 뇌 발달과 두뇌 구조 등의 연구를 통해 두 장애는 나타나는 시기가 다를 뿐 서로 다르지 않다는 공감대가 형성되고 있다.

  마음의 근원적 원리에 따르면, 정신분열증은 특정 시기에 특정 조건(예, 지능 높음, 불행 또는 행복 경험 다수)을 지닌 자폐장애를 지닌 사람에게서 발생되는 자폐 증상의 일부로 볼 수 있으며 그 원리는 다음과 같다.

  정신분열은 우리가 일상생활에서 자주 사용하는 '정신 나감'의 현상으로 주의와 의식이 '집'을 떠나 있는 상태로 비유할 수 있다. 정신분열은 기억의 양과 강도에 따라 다양하게 나타날 수 있다. 내부 공간이 2단계 이상으로 성장하고 다수의 기억이 강하게 형성될 때 발생할 수 있는데 주의와 의식이 그 기억들로 분할되어 이끌림으로써 나타난다.

　예를 들어, 아래 〈그림〉에서와 같이 주의와 의식이 4개로 분할된다고 할 때 중심에 있는 '나1(집에 있는 온전한 나)'은 분할된 4개의 '나'보다 주의와 의식이 더 많은 상태이다. '나1'과 다른 4개의 '나'사이에 갈등이 존재할 수 있지만 '나1'이 주인이 되고 통제자가 되어 집나간 '나'들을 비교적 자신의 의지대로 조정 또는 통제할 수 있다.

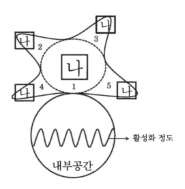

그러나 아래 〈그림〉과 같이 내부 공간이 마지막 3단계까지 성장하게 되면, 중심에 위치한 온전한 '나1'과 각각 다른 4개의 '나'가 대등한 수준이 된다. 이 단계에서는 각각이 주인이고 통제가가 된다. 서로가 대등한 관계로서 서로를 통제하려고 하므로 대 혼란이 초래되는데 이 경우를 심각한 정신분열증 상태로 볼 수 있다.

더 나아가 분열된 4개의 '나'가 더 강해지는 상황이 되면 '나1'은 거의 사라지게 되고 더 강해진 4개의 '나'가 심하게 서로 대립하는 극단적인 정신분열 상태에 처할 수도 있다. 이는 내 안에 진정한 주인이 없고 정신이 모두 집 나간 상태에 해당된다.

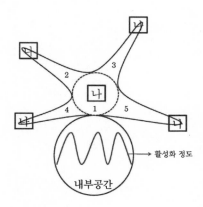

— 마음의 손

시간은 우리를 붙잡지 않는다.
시간은 그저 시간일 뿐
붙잡는 것은 우리 자신이다.
자신이 시간에 끌려 다니는 것이다.

세상은 당신을 붙잡지 않는다.
세상은 그저 세상일 뿐
붙잡는 것은 바로 우리 자신이다.
자신이 세상에 끌려 다니는 것이다.

삶은 당신을 붙잡지 않는다.
삶은 그저 삶일 뿐
붙잡는 것은 우리 자신이다.
자신이 삶에 끌려 다니는 것이다.

시간으로부터
세상으로부터
삶으로부터 자유로워지고 싶거든
마음의 손을 놓으면 된다.

— 진정한 '나'

내 안에 많은 '나'가 존재한다.

나는 누구인가?
내 안에 진정한 '나'는 존재하는가?

나는 나의 주인인가? 통제받고 있는 하인인가?

통제하는 나는 누구이고 통제 받는 나는 또한 누구인가?

# 열림과 닫힘

　내부 공간이 1단계에 머물러 대부분의 주의와 의식이 외부 공간의 실제 세계로 이끌리는 현상을 열림 현상이라고 하고, 내부 공간이 점점 크게 성장함에 따라 더 많은 주의와 의식이 내부 공간의 기억의 세계로 끌려들어가는 현상을 닫힘 또는 자폐(自斃)라 한다.

　내부 공간이 2단계 이상으로 성장하면 자폐가 초래된다. 내적 주의 비율이 4-5할 정도이면 가벼운 자폐에 해당하며, 내적 주의 비율이 6-7할 정도이면 중간 자폐에 해당하고, 내적 주의 비율이 7할 이상이면 심한 자폐에 해당한다.

자폐는 인간의 마음 형성에 영향을 미친다.

자폐는 자극에 대한 반응을 강화시킨다.
쓰고, 달고, 맵고 짜고, 뜨겁고, 차가운 감각에 대한 반응이 강해지고, 옳고 그른 이성에 대한 반응이 강해지며, 좋고 나쁘고, 기쁘고, 화나고, 슬프고, 즐거운 감정에 대한 반응이 강해지고, 과거와 미래의 시공간에 대한 반응이 강해진다.

자폐는 기억에 강하게 얽매여 집착하게 만든다.
감각에 집착하게 되고, 인식에 집착하게 되고, 지식에 집착하게 된다.

자폐는 내적 사고를 활성화시켜 번뇌하게 한다. 자폐는 내부 공간에서 자극을 잘 감각하고, 인식하며, 지식을 형성할 수 있으므로 언어, 수, 도형, 음(音) 등 상징을 통한 학습, 상상, 창작, 그리고 조작 등을 통한 창조를 잘하고 이런 활동을 선호하게 한다. 국어, 수학, 사회, 과학, 음악, 미술 등 주요 교과 학습과 시, 소설, 영화, 스포츠 등

창작, 그리고 발명, 새로운 물건 만들기 등 창조 분야에서 뛰어난 능력을 가능하게 한다.

자폐는 부분적이고 세밀한 지식을 형성하게 한다.

세계나 사물을 전체적으로 보기보다 부분적으로 보고, 단순하게 보기보다 세밀하게 보게 한다. 자폐는 외부 공간에서 감각하고, 인식하고, 지식을 형성하는 마음 활동을 상대적으로 감소하게 만들어 끊임없이 변화하는 외부 세계에 대한 무지를 증가시키고 그에 대한 적응력과 대응력(상호작용 또는 의사소통)을 약화시킨다.

자폐적 마음은 다양한 스펙트럼으로 나타난다. 자폐를 초래하는 내부 공간의 크기가 다양하고 마음을 형성하는 지능의 수준도 다양하기 때문이다.

지능이 낮은 자폐일수록 외적 사고 수준과 내적 사고 수준이 모두 낮아 외부 세계에 대한 무지가 심해져 그에 대한 적응능력과 대응능력이 낮아지고, 내적 사고로 주로 이루어지는 학습능력이나 창의력도 낮게 나타난다.

---

지능이 높은 자폐일수록 외적 사고가 활발하여 외부 세계에 대한 무지가 감소하고 그에 대한 적응력과 대응력도 향상되는 한편, 내적 사고도 더욱 활발하여 학습능력이나 창의력이 본인의 지능 수준 이상으로 높아진다.

## 자폐와 지능

자폐는 1900년대 의사들의 임상적인 경험을 바탕으로 정의되어 알려지게 되었으며 자폐, 자폐증, 자폐장애, 자폐성장애, 자폐스펙트럼장애 등으로 그 용어가 다양하게 사용되어 왔다. 2013년 미국정신의학회(APA)에서 발간되는 정신장애 진단 및 통계 편람(DSM)에 따르면 자폐는 개인에 따라 양상과 정도 면에서 다양한 특성을 보이기 때문에 '자폐스펙트럼장애(Autism Spectrum Disorder)'라는 명칭으로 통일하여 사용하게 되었다.

자폐장애는 사회적 상호작용과 의사소통, 그리고 제한적이고 반복적 행동, 관심, 또는 활동 등의 질적 결함이라는 주요 특성들을 보인다. 자폐장애를 지닌 사람들은 기본적으로 사회적 소통이 어려운데 자신의 감정 표현이 부적절하거나 자유롭지 못하고 다른 사람과 서로 감정을 공유하지 않으며, 언어 발달이 지체되거나 전혀 나타나지 않으며, 정상적인 언어 발달을 보이더라도 부적절한 사용 등의 질적 결함을 보인다. 뿐만 아니라, 눈 맞춤, 자세, 몸짓 등과 같은 비구어적 행동 단서들을 잘 이해하지 못하고, 또래 관계 형성이 어려우며, 즐거움, 관심, 성취를 다른 사람과 공유하려는 의도를 보이지 않는다. 그들은 또한 전체보다 부분에 집착하고 협소한 분야에 관심을 보이며 상황보다 특정 사물에 대한 조각 정보를 받아들이며, 숲을 보지 못하고 나무만 보는 부분집중을 하는 인지적 특징을 보이고, 특정 사물이나 영역에만 관심을 보이는 등 관심이 제한적이고, 반복적이고 상동적인 행동을 보인다.

이런 전형적인 특징들은 지능 수준이 낮을수록 더 심하게 나타나고 지능 수준이 높을수록 더 약하게 나타나거나 거의 나타나지 않을 수도 있다. 지적 수준이 높은 자폐장애인은 정상에 가깝게 보일 수도 있다. 이런 이유로 역사적으로 다양한 분야에서 위대한 업적을 남긴 사람들이 최근에 자폐를 지닌 것으로 밝혀지고 있는데 토마스 제퍼슨, 드골, 아인슈타인, 칸트, 조지 오웰, 베토벤, 모차르트, 미켈란젤로 등이 그 예가 될 수 있다.

이는 오늘날 자폐에 대한 정의가 외부에서 관찰 가능한 특징들만을 바탕으로 이루어졌을 뿐, 내면에 대한 본질적인 접근을 하지 못한 것에서 연유된 것이다. 자폐의 본질적 특징 중 하나는 내적 사고의 용이성과 집착성이다. 평균 이상의 지적 능력을 지닌 자폐장애인들이 활발한 내적 사고와 집착적인 몰입으로 정치, 경제, 학문, 교육, 예술 등 사회의 다양한 분야에서 탁월한 학습능력과 창의성을 발휘하여 위대한 업적을 남길 수 있다. 자폐장애를 지닌 미국의 유명한 동물학자 템플 그랜딘(Temple Grandin)이 TED 연설에서 인류문명 발달의 원동력으로써 자폐를 주장하고 있는 상황은 이와 맥을 같이 한다고 볼 수 있다.

지능이 무엇인가에 대한 연구는 맹인모상(盲人摸象)격으로 이루어지고 있는 실정이다. 지능에 대한 정의는 관련 학자들의 수만큼이나 다양하고, 지금도 계속 정의되고 있는 실정이다. 일반적으로 지능은 다양한 사회, 문화적 상황에서 이루어지는 지적 활동이나 지적 산물을 통해 정의되고 있다. 그런데 사회, 문화적 상황은 시대와 장소에 따라 다양하고 계속 변화하므로 지능도 새로운 모습으로 다양하게 계속 정의 될 수밖에 없다. 더구나 인간의 능력은 환경 속에서 계속 발달하고 있다는 진화론적 관점에서 본다면 이런 상황은 더욱 당연해 보인다.

지능에 대해 합의되고 일관성 있는 정의의 부재로 인해 지능의 수준, 측정, 개인차 등에 대한 판단도 내릴 수 없는 실정이다. 인간의 다양한 인지 현상들이 생겨나오는 마음 근원의 메카니즘에 따르면 지능을 '자극들 사이의 상호관계성(relationship)을 찾아 서로 연결하여 지식이라는 인지 구조를 형성하는 능력'으로 정의할 수 있다. 인간은 환경의 다양한 자극들을 감각하고 그 자극들 사이의 상호관계성을 찾아 이들을 서로 연결하여 구조화한다. 따라서 인간의 모든 지적 활동과 산물 속에는 다양한 분야의 환경적 자극이 존재하지만 공통적으로 상호관계성이라는 일반 요소가 존재한다. 지능은 시대와 장소를 초월하여 동일한 모습으로 존재하지만 환경적 자극을 통해 그 존재가 드러나므로 사회, 문화적 환경 속에서 볼 때 매우 다양한 지능들 또는 능력들로 보일 수 있다. 이런 이유로 지능이 하나가 아닌 다수라는 다중지능이론이 등장한 것이다.

지능이 단일하다면 왜 어떤 분야는 잘하는 한편 어떤 분야는 매우 못하는가? 이는 단일 지능을 주장하는 일반지능이론이 설명할 수 없는 한계이자, 다중지능이론이 많은 사람들로부터 환영받고 있는 이유이다. 마음 근원의 메커니즘에 따르면, 이런 인지 불균형 현상은 내부 인지 공간의 상황에 의해 야기된다. 모든 분야에 단일 지능이 개입되지만 내부 공간이 너무 작으면 지능이 높더라도 그 안에서 인지활동이 용이하지 않기 때문에 그 공간을 통해 발휘되는 분야 능력은 지능에 비해 매우 낮게 나타난다. 반면 내부 공간이 크면 지능에 비해 더욱 뛰어난 분야 능력이 나타난다. 즉, 지능의 기능이 내부 공간의 크기에 의해 제약을 받거나 향상될 수 있다. 지능이 높은 영재가 어떤 분야에서는 매우 예외적인 능력을 보일 수 있지만 다른 분야에서는 학습장애가 있을 수 있으며, 지적장애를 지닌 자폐장애아동이 특정분야에서 평균이상의 지능을 지닌 정상아동보다 훨씬 더 뛰어난 능력을 보이기도 한다. 내부 공간이 두 개이고 각각의 수준이 다양하다는 점을 고려할 대 그 양상은 매우 다양하게 나타날 수 있다.

지능 수준과 내부 공간의 다양한 크기의 결합양상은 사람들이 능력, 성격, 행동 등에서 보여주는 개인차를 설명해 줄 수 있다. 생각이 서로 비슷한 것도, 보수와 진보로 나뉘어 생각이 확연히 상충되는 것도, 어떤 사람은 소설가의 길을 가고, 어떤 사람은 음악가의 길을 가고, 또 어떤 사람은 과학자의 길을 가는 것도, 모두 서로 다른 수준의 지능과 크기가 다른 내부공간을 가지고 있기 때문이다.

　마음의 근원에서 내린 지능의 정의는 지능 수준의 전 범위를 자연의 구조 안에서 확인할 수 있게 해준다. 인간의 지식을 구성하는 자극과 상호관계성이 모두 자연으로부터 오기 때문에 자연의 구조를 분석하면 인간의 지능이 크게 3단계로 구성되어 있음을 알 수 있다. 지능이 높을수록 자연을 전체적으로 구조화하고 있는 단순한 상호관계성을 찾고, 지능이 낮을수록 자연을 부분적으로 구조화하고 있는 다양한 상호관계성을 찾는다.

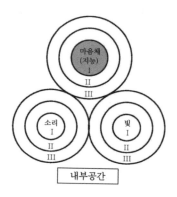

〈지능은 마음체의 여러 능력 중 최상위 능력인 지식 형성 능력임〉

1단계는 '피상 지능'으로, 이 단계 지능을 지닌 사람은 피상적 지적 욕구를 가지고 주로 세계의 피상층에 존재하는 다양한 자극들과 그들 사이의 상호관계성을 찾아 피상적 지식을 형성하게 된다. 예를 들어 식물에 대한 관심으로 다양한 식물들을 관찰하고 분류하여 식물에 대한 구조화된 지식을 형성한다.

2단계는 '심층 지능'으로, 이 단계 지능을 지닌 사람은 심층적 지적 욕구를 가지고 주로 세계의 심층에 존재하는 자극과 상호관계성을 찾아 세계에 대한 단순하지만 심층적인 지식을 형성하게 된다. 예컨대 식물의 싹. 잎, 또는 줄기는 무엇으로부터 왜. 어떻게 생겨나는가에 대해 더 큰 관심을 가지며 식물 내부를 관찰하거나 추론하여 식물의 심층에 대한 구조화된 지식을 형성한다.

마지막 3단계 지능은 '근원 지능'으로 이 단계에서는 근원적 지적 욕구로 주로 세계의 근원층에 존재하는 자극과 상호관계성을 찾아 세계에 대한 단순한 근원적 지식을 형성하게 된다. 다양한 피상층 및 심층의 구조를 지닌 식물이 처음에 무엇으로부터, 왜, 어떻게 생겨났는가에 대한 관심으로 그 근원적 원리를 추론하여 구조화된 지식을 형성한다.

— 소통


말하려하는 자에게 귀를 내어주고
듣고자 하는 자에게 입을 내어주며


비 맞고 가는 자에게 우산을 나누어 주고
짐수레 끄는 자에게 손을 내어 주며


우는 자 옆에서 울어주고
웃는 자와 함께 웃어주며


대자연 앞에서 그림 그리지 않고
솔바람 이른 곳에서 음악을 듣지 않으며


나무 아래서는 조용히 앉아 주는 것

— 불통

자연: 애야 문 좀 열어라. 나 좀 들어가자.
인간: 싫어.
자연: 그럼 네가 나에게로 나오라.
인간: 싫어.
자연: 너는 지금 무덤 속에 있는 거야. 그러니 어서 무덤에
　　　서 걸어 나오라.
인간: 싫어
자연: 너는 지금 죽은 거야. 어서 깨어나오라. 어서.
인간: 싫어

# 행복과 불행

대부분의 주의가 외부 공간으로 향하고 상대적으로 적은 양의 주의가 내부 공간으로 향하는 열림의 상태에서는 내면의 기억으로부터 자유로우므로 마음에 평온이 온다.

외부 공간에는 쓰고, 달고, 맵고 짜고, 뜨겁고, 차가움이 없으며, 옳고 그름이 없으며, 좋고 나쁨도, 기쁘고, 화나고, 슬프고, 즐거움이 없으며, 과거도 미래도 없고 오직 살아 있는 실제 자극과 지금 이 순간만이 존재하기 때문이다.

그러나 더 많은 주의가 내부 공간의 기억으로 향하여 닫힌 상태가 되면 달고, 맵고 짜고, 뜨겁고, 차가움, 옳고 그름, 좋고 나쁨, 기쁘고, 화나고, 슬프고, 즐거움, 과거나 미래에 얽매이게 되는 집착이 발생하고, 과도한 내적 사고 활동(학습, 창조, 상상 등)으로 번뇌가 발생하여 마음이 평온으로부터 멀어지게 된다.

주의 및 의식의 분열은 정신분열증으로 이어지고, 끊임없이 변화하는 인간의 마음과 주변 환경 등 외부 실제 세계에 대한 무지와 대응 결함 및 부적응 등은 우울증을 초래하게 된다. 또한 반항, 범법, 폭력, 절도, 파괴, 살인 등을 초래하고 욕구의 충족이 좌절될 경우 우울, 상실, 허무, 분노, 원망, 저주 등의 마음이 생성되고, 그 마음들은 다시 자살이나 살인 등으로 이어져 사회적 평온도 잃게 된다.

집착과 번뇌는 육체적 건강을 파괴하고, 무분별하고 과도한 문명이 급속하게 창조되어 문명사회도 평온을 잃게 되고, 그로 인해 자연이 빠르게 오염되거나 파괴되므로 자연의 평온도 잃게 되어 결국 인류의 삶의 환경을 위기에 처하게 한다.

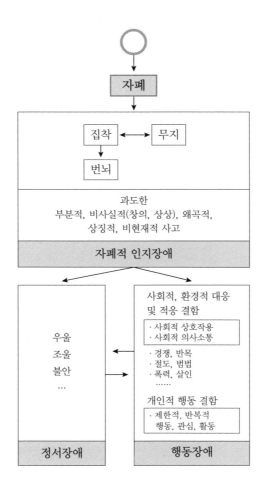

인간의 몸, 마음, 사회, 자연의 파괴는 인간으로 하여금 그 해결책을 찾기 위해 다시 집착과 번뇌하게 만들어 인간의 마음을 평온으로부터 더욱 멀어지게 만든다. 그러므로 자유와 평온의 마음은 선(善)이고 선한 마음은 행복이다. 인간, 사회, 자연 모두를 불행하게 만드는 집착과 번뇌의 마음은 악(惡)이고 악한 마음은 불행이다.

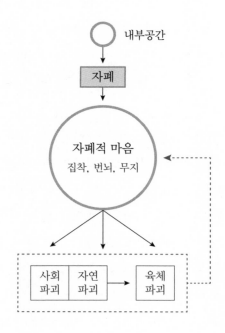

스스로 선한 사람은 인간을 포함한 세계 전체를 지향하며, 자연 중심적이고 생명 중심적이다. 인간의 마음과 몸 그리고 환경의 건강(평온)을 가장 중요하게 생각하고 오직 그 상태를 유지하기 위해 힘쓴다. 문명적 활동보다 자연적 활동을 즐기고 즐거움보다 평온을 추구하며 하고 싶은 것보다 중요한 것을 먼저 한다. 몸과 마음의 여유를 즐기며 특별한 생각이 없고 할 일이 없어도 잘 견딘다. 자신을 위해 해야 할 일이 있다면 그것은 마음보다 몸 때문이다. 그들은 낮아지려 하고 마음은 어린아이와 같지만 행동은 어른과 같다.

　선한 사람은 극단을 싫어하고 '적당함'을 취하려 한다. 이쪽인 듯하면서 저쪽이고 저쪽인 듯하면서 이쪽이며, 있는 듯하면서도 없고 없는 듯하면서 있는 마음과 태도를 보인다. 주장이 있는 듯하면서 없고 없는 듯하면서 있으며, 자존심이 있는 듯하면서도 없고 없는 듯하면서 있다. 앞에 나서는 듯하면서 물러나고 물러난 듯하면서 나선다. 이기적인 듯하면서 그렇지 않고, 이타적인 듯하면서 또한 그렇지 않다. 도덕적인 듯하면서 그렇지 않고, 그렇지 않은 듯하면서 도덕적이며, 정의로운 듯하면서 그렇지 않고, 비열한 듯하면서 정의롭다. 말을 하는 듯하면서 말이 없고, 말이 없는 듯하면서 말을 하며, 욕심이 있는 듯하면서 없고 없는 듯하면서도 있으며, 부지런한 듯하면서 게으르고 게으른 듯하면서 부지런하다.

선한 사람은 외부의 실제 세계와 거의 항상 함께 하고, 현재와 현실을 살며, 있는 그대로 전체적으로 보고 받아들인다. 외부 현실이나 자신의 내부 마음에 크게 집착하지 않고 자유롭고 평안한 마음으로 평범한 일상의 삶을 산다. 실제 하지 않는 것에 대한 상상을 경계하며 실제를 상징적으로 표현하려 하지 않으며 내면의 논리로 실제에 접근하려 하지 않는다. 내면의 생각대로 행동하지 않으며 생각대로 외부 세계를 바꾸려 하지도 않는다. 자신의 내면보다 외부의 상황에 따르며, 내면에서 정답을 궁리하기보다 밖에서 정답을 찾는다. 그들은 말이나 행동보다 마음을 본다. 다양한 수준의 지능에 따라 실제 세계에 대한 지식을 형성하지만 그 능력과 지식에 대한 우월감이 없으며 그것으로 사람을 차별하지 않는다. 타고난 능력에 비해 소박한 재주를 보이며, 겸손하고 진솔하며 자신을 주장하기보다 실제 세계의 말을 듣는다. 또한 자연스럽게 감각하고 지식을 형성하고 행동하므로 그들의 삶의 모습은 물과 자연이다.

한편 악한 사람은 부분적이고 문명 중심적이다. 인위적인 생각, 창조, 문명을 더 중요하게 여기고 추구하지만 자신의 건강과 평온에 대해서는 쉽게 간과한다. 자연적 활동보다 문명적 활동을 즐기고 평온보다 즐거움을 추구하며, 중요한 것보다 하고 싶은 것을 먼저 한다. 몸과 마음의 여유를 낭비로 여기며 특별한 생각이 없고 할 일이 없을 때 견디기 힘들어하고, 틈틈이 휴식하는 중에도 하고 싶은 것에 집착하고, 자신을 위해 해야 할 일이 있다면 그것은 몸보다 마음 때문이다. 그들은 높아지려 하고 마음은 어른과 같지만 행동은 어린아이와 같다.

악한 사람은 '적당함'을 이해하기 어려워하고 지나침을 보인다. 이쪽과 저쪽이 분명하고, 있고 없음이 또한 분명하다. 주장이 지나치게 많거나 없고, 자존심이 지나치게 강하거나 없으며, 나서기를 지나치게 좋아하거나 싫어한다. 그들은 너무 이기적이거나 이타적이고, 지나치게 도덕적이거나 비도덕적이며, 매우 정의롭거나 교활하다. 말이 많거나 적으며 지나치게 수용적이거나 배타적이며, 배우기를 열망하거나 창의적이다. 욕심이 지나치게 많거나 너무 없고, 지나치게 적극적이거나 소극적이며, 너무 부지런하거나 게으르다.

악한 사람은 때때로 외부의 실제 세계와 함께하지만 극히 부분적이고, 대부분을 이념과 비현실 세계와 함께하려 한다. 자신의 마음에 집착하고 번뇌하며 평범한 삶을 싫어하며 비범함을 꿈꾼다. 그들은 자신이 독특한 존재이기를 바라고 남보다 훌륭한 존재이기를 바란다. 실제 하지 않는 것에 대한 상상을 즐기며 내면의 논리로 실제 세계를 이해하려 하고 체계화된 자신의 지식대로 실제 세계를 바꾸려 하며 그대로 행동하려 한다. 외부의 상황에 따르기보다 자신의 내면을 따르며, 밖에서 정답을 찾기보다 내면에서 정답을 궁리한다.

악한 사람은 마음보다 말이나 행동을 본다. 자신의 능력과 지식에 대해 우월감을 보이고 자기도취적이며 능력과 지식으로 사람을 차별한다. 그들은 타고난 능력에 비해 더 화려한 재주를 보이며, 자신만만하고 '체'하며, 세계보다 자신을 말하고 세계의 말보다 자신의 말을 더 따른다. 그들은 또한 집착과 번뇌의 열정으로 심혈을 기울여 욕구를 충족하는 방식으로 감각하고 지식을 형성하고 행동하므로 그들의 삶의 모습은 불과 투쟁이다.

모든 마음에 선악이 있다.

## 행복의 정의

동서고금을 통해 행복은 인간의 삶의 궁극적 목적이자 최고의 목적으로 여겨지고 있다. 개개인의 일상생활 유지를 위한 소소한 활동에서부터, 정치, 경제, 문화, 예술, 학문 등의 다양한 분야에서 행하는 사회적 활동에 이르기까지 모든 인간의 활동이 행복추구를 위한 것일 때 그 타당성을 가질 수 있다.

'행복이란 무엇인가?'라는 물음에 대한 해답은 우선 개인의 경험으로부터 얻을 수 있는 주관적인 심리상태에서 평가된다. 오늘날 심리학에서 행복(happiness)을 주관적인 안녕감(well-being)으로 대체하여 개념화하고 측정하고 있다. 주관적인 안녕감은 감각을 통한 쾌락적인 만족감, 혹은 지적 활동을 통한 잠재력 실현으로 얻을 수 있는 충족감을 의미하는 것으로, 두 경우 모두 개인의 욕구 충족과 관련되어 있다.

인간의 욕구를 중심으로 행복을 이해하는 입장은 그 맥을 고대 그리스 철학에서 찾을 수 있다. 쾌락적인 마음을 추구했던 소피스트와 키레네학파의 행복관과 평온한 마음에서 행복을 찾았던 에피쿠로스학파와 스토아학파가 그 대표적인 경우이다. 소피스트와 키레네학파에 따르면, 모든 인간은 천성적으로 욕구를 지니고 태어나기 때문에 그 본능에 충실하게 욕구를 추구하면서 사는 것은 당연하며 그럼으로써 얻는 쾌락이 곧 행복이다. 따라서 행복하게 살기 위해 세속적으로 성공하여 부와 권력과 명예를 얻어야 하며 최대한의 쾌락을 위해 육체적이고 감각적인 쾌락을 추구하고 도덕이나 정의는 행복으로 가는 걸림돌일 뿐이다. 현실 속에서 의로운 사람은 언제나 손해만 보는 사람이며 남을 행복하게 할 뿐 자신을 행복하게 하지 못하지만, 불의한 사람은 언제나 자기 자신을 추구하기 때문에 그렇지 않은 사람보다 더 많은 것을 얻고 더 행복하게 살 수 있다. 이 학파는 쾌락을 최고선으로 여기고, 인간에게 이성이 중요한 이유는 그것을 통해 지식을 얻고 그 지식으로 더 많은 쾌락을 얻을 수 있기 때문으로 보았다.

에피쿠로스학파 역시 소피스트와 키레네학파와 마찬가지로 행복을 쾌락과 관련시켜 말하고 있지만, 이 학파

는 쾌락을 '고통의 부재,' 즉 육체적 고통과 마음의 근심
이 없는 평온한 마음으로 규정했다. 최고의 쾌락이란 육
체적 고통이 없고 영혼에 동요가 없는 평온함, 즉 아타락
시아(ataraxia)이다. 인간의 최고의 선이자 공통의 선인 이
런 쾌락은 육체적 감각적 쾌락을 피하고 절제하며 고행
하는 것으로부터 오는 즐거운 마음이라는 것이다.

이렇듯 인간의 욕구를 중심으로 정의되고 있는 행복
관은 시대와 장소를 초월하여 일관되게 존재하면서 오늘
에 이르고 있다. 오늘날 다양한 분야에서, 다양한 감각적
또는 지적 방법으로 인간이 타고난 욕구와 잠재력을 무
한히 개발하여 더 큰 즐거움을 향유하는 행복의 추구와,
가능한 금욕적 삶을 통해 평온한 마음을 유지하여 행복
해지고자 하는 삶의 방향이 혼재해 있는 것이 사실이다.

그렇다면, 진정한 행복은 무엇인가? 그 해답은 개인이
추구하는 행복한 마음의 원인들과 그 결과로 발생하는
명확한 징후를 살펴보아야 얻을 수 있다. 즉, 주관적 경
험으로부터 느끼는 다양한 행복의 마음들이 왜, 어떻게
생겨나며, 그 마음들은 어떤 결과를 초래하는지 그 인과

적 메커니즘을 알게 될 때, 무엇이 진정한 행복인지 판단할 수 있을 것이다. 만약 그 마음의 원인이나 결과가 바람직하지 않다면 비록 그 마음이 개인적으로 행복을 느끼게 해 줄지라도 그것이 진정한 행복이라고 볼 수는 없다.

— 참 자유

하고 싶은 일을
마음껏 할 때
자유를

그렇지 못할 때
구속을 느낀다.

그러나
진정한 자유는
자신으로부터
자유로울 때 얻어진다.

— 행복


두 사람이 있다.
모두 행복하다고 말한다.

한 사람은 마음을 비우니 행복하고
다른 사람은 마음을 채우니 행복하다고 말한다.

— 중도


괴로운 사람은
괴로움에서 벗어나기 위해
즐거움을 찾는다.

괴로울 때 노래를
괴로울 때 춤을

그러다 때가 되면
괴롭지 않아도 노래를 부르고 싶고
춤을 추고 싶다.

괴로움이 마음의 짐인 것처럼
즐거움도 마음의 짐이다.

마음의 짐 위에 또 다른 짐을 쌓는 것.
괴로움 위에 즐거움을.
즐거움 때문에 괴로움이….

# 마음의 길

인간을 포함한 세계의 진정한 행복과 불행이 선악의 마음에서 비롯된다. 따라서 진정한 행복을 위한 영원한 마음의 길은 오직 선한 마음을 갖는 것이다.

그러나 마음의 근원법칙은 선악의 마음은 내부 공간의 크기로부터 비롯된다고 말한다. 과도하게 성장한 내부 공간은 외적 주의를 감소시키고 내적 주의를 증가시켜 더 많은 의식이 내부 공간에 이끌려 '나'를 집착하고 번뇌하게 만든다.

따라서 가장 근본적인 영원한 마음의 길은 대부분의 주의를 실제 세계가 존재하는 외부 공간으로 향하게 하는 열림의 외적 주의(外的 注意)이다.

외적 주의란 의식을 발휘하여 가능한 많은 양의 주의를 외부 공간에 두어 최대한 내적 주의를 지양하는 주의 통제의 한 방법이다. 언제 어디에서 무엇을 하든, 항상 외적 주의를 마음의 중심에 간직하고 온 의식을 발휘하여 '외적 주의'라고 외침과 동시에 온 주의를 외부 공간으로 전환시킨다. 외적 주의는 과도한 주의와 의식이 내부 공간으로 끌려들어 가는 자폐 발생을 차단함으로써 집착의 발생을 막고 외부 실제 세계로 향하게 하는 방식이다. 이는 의식을 먼저 외부로 돌리면 주의가 따라오고 주의가 따라오면 기억으로 가득한 내부 공간에서 아무것도 느껴지지 않고 생각할 수도 없는 원리로, 주의가 없으면 의식이 없고 의식이 없으면 감각할 수도 사고할 수도 없으므로 기억과 번뇌로부터 쉽고 빠르게 자유로워진다.

한편, 외적 주의를 통해 대부분의 주의와 의식이 외부 공간으로 향하게 되면 실제 세계를 '있는 그대로,' 그리고 '전체적으로' 감각하게 되어 실제 세계의 참모습을 깨닫게 된다. 그리고 그 깨달음은 다시 욕구가 활성화되는 것을 원천적으로 차단시켜 주게 되므로 마음이 스스로 자유롭고 평온해진다. 이를 '욕구본능 차단법'이라 한다.

외적 주의를 평범한 삶 속에서 자연스럽게 행하기 위해서는 최적의 환경이 필요하다. 마음을 강하게 일어나게 하는 자극이 많은 곳을 피하고, 소박하거나 밋밋한 자극으로 구성된 환경일수록 좋다. 이는 마음을 평온하게 해 주는 대상에게 주의와 의식을 집중하여 강한 기억 형성을 예방하기 위한 '자극 차단법'으로 현실적인 최적의 환경은 전원적인 환경이다. 지나치게 마음을 활성화시키는 인공 자극으로 가득한 문명 중심적 도시 환경과 달리, 전원적인 환경은 자연적인 자극들로 가득하여 내적 활동보다 주로 외적 활동을 가능하게 하며 보다 단순하게 생활하여 평온함을 유지해주기 때문이다.

전원적 삶을 통해 외적 주의를 보다 자연스럽게 수행하기 위한 구체적 일과는 다양하고 균형 잡힌 생활 명상으로 구성하는 것이 바람직하다. 육체적 노동(노동 명상), 자연 산책(자연 명상), 타인과 상호작용하기(얼굴 명상), 충분한 수면(수면 명상) 등이 그 예가 될 수 있다. 적당한 육체노동은 생계 및 육체적 건강 유지에도 필수적일 뿐만 아니라 하는 일에만 집중하게 함으로써 마음이 분산되지 않고 평온함을 가져다 준다. 산책할 때는 시선을 부분에 오래 머물지 말고 전체적으로 바라보고 자연의 참모습을 발견하고자 집중한다. 자연의 변화에 맞추어 이루어지는 충분한 수면 역시 몸과 마음 모두에게 절대적 휴식을 제공해 주는 자연적 방식의 감각 차단법이다. 특히, 인간은 사회적 동물로 타인과의 원만한 상호작용은 평온한 사회 환경을 유지하는데 필수인데, 타인과 상호작용할 때는 지속적인 주의집중을 유지하여 상대방의 눈과 표정과 몸짓을 바라보고 상대방의 마음 상태와 의도를 파악하도록 노력한다. 타인의 마음 파악은 공감과 배려 마음의 기초가 되어 평온한 사회를 유지하는 데 필요한 선한 사회성을 지니도록 해 준다.

## 평온의 원리

주의 통제(注意 統制)를 통해 평온한 처음 마음을 회복할 수 있는 두 가지 방법이 있다. 하나는 '감각자극 차단법'으로 인간이 환경(감각자극)을 만났을 때 감각적, 지적 욕구본능이 활성화되는데, 마음을 평온하게 해주는 대상에만 집중하여 다른 감각자극을 차단함으로써 마음을 평온하게 유지하는 방법이다. 다양한 형태의 감각 차단법이 존재할 수 있고 종교계의 기도나 명상 등이 대표적인 예가 될 수 있다. 그러나 마음의 근원에서 볼 때 외부의 실제 세계를 있는 그대로 전체적으로 보는 명상이나 기도가 이로우므로 외부의 특정 사물이나 내면에 집중하는 방식은 제한적으로 이루어져야 한다.

다른 한 방법은 '욕구본능 차단법'으로 인간의 감각적, 지적 욕구본능 자체의 활성화를 막는 방법이다. 이는 마음을 평온하게 해주는 특정 지식을 배워 그것을 사실이라고 믿거나 스스로 깨달음을 통해 이룰 수 있다. 이 방법은 주의분산이나 마음의식의 분산이 아예 없고 인지공간의 활성화도 일어나지 않아 마음이 스스로 평온을 유지하는 원리이다. 감각 자극 차단법이 자극을 차단하여 감각적, 지적 욕구를 일으키지 못하도록 물리적으로 환경을 통제하는 감각 수준의 방법인 반면, 욕구본능 차단법은 자극뿐만이 아니라 그 자극들의 상호관계성을 포함한 지식을 믿거나 깨달음으로써 더 이상의 욕구본능이 일어나지 않도록 하는 지적 수준의 방법이다. 믿음과 깨달음의 대상이 되는 지식의 진위여부는 상관없이, 그 지식으로 인해 마음이 평온해진다면 효과가 있는 것이라 할 수 있다. 이는 다양한 믿음과 신앙이 존재하는 이유이다. 예컨데 어떤 사람은 신의 존재와 자신과의 관계를 믿어 마음의 평안을 찾을 수 있고, 어떤 사람은 공(空)과 인간과의 관계를 깨달음으로써 평온한 마음을 유지할 수 있고, 또 어떤 사람은 당산나무를 신성시한 믿음으로 자신의 마음을 평안하게 할 수 있다. 즉 믿음이나 깨달음은 다른 대상에 대한 집착을 없애주어 마음을 자유롭고 평온하게 해 준다.

한편 욕구본능 차단법의 믿음과 깨달음을 위해서는 다양한 자극들을 차단하고 하나의 진리에만 집중해야 한다는 점에서 이 방법에는 감각자극 차단법이 포함되어 있다. 그러나 지속적인 내적 사고를 통한 믿음과 깨달음을 요구하는 방식은 지양되어야 한다. 믿음은 사람의 말이나 책을 통해 지식을 얻고 기억하고 오직 그 지식에만 주의와 마음의식을 두어야 하는 내적 인지 활동을 통해 이루어진다. 화두법 등과 같은 깨달음의 방법 또한 마찬가지다. 그러므로 외부의 실제 세계를 있는 그대로 그리고 전체적으로 보는 기도나 명상을 통해 진리를 발견하고 더 심오한 진리를 깨달아야 한다.

— 나룻배

행복의 섬이 있다.

나룻배가 있어
사람들은 강을 건넌다.

사람들은
나룻배를 버린다.

길은 사라진다.

— 세 개의 문

누구나 통과해야 할 세 개의 문이 있다.

하나는 출생의 문으로
모든 사람은 이 문을 통해 세상 밖으로 나온다.

다른 하나는 죽음의 문이다. 이 세상으로 나온 자는 누구
나 이 문을 통과해서 다시 돌아간다.

마지막 문은 마음의 문이다.

처음 두 문은 스스로 열리고 스스로 닫힌다.
어느 누구도 자신의 뜻에 따라 이 문들을 열거나 닫을 수
없다.
입장권이 없으며 아무것도 가지고 통과할 수 없다.
통과한 후 자신이 떠맡게 될 어떤 의무도 책임도 없다.
모두가 자연이 행하고 그 책임도 자연이 진다. 자신을 그
저 자연에 맡기면 된다.

그러나 마지막 문은 스스로 열리거나 닫히는 법이 없다.
오직 자신의 뜻에 따라 열리고 닫힌다.

두드리면 열리고 두드리지 않으면 항상 닫혀 있다.
문을 통과할 때는 입장권이 있어야 한다. 그러나 문을 두
드릴 때는 조심해야 한다. 그 문을 지나면 두 갈래 길이
나오기 때문이다.

한 길은 참 행복의 길이요,
다른 한 길은 거짓 행복의 길이다.
참 행복으로 가는 길 앞에서 보여 주어야 할 입장권은 '평
온'이며
거짓 행복의 문 앞에서 보여 주어야 할 입장권은 '번뇌'이다.

# 제 2 장

---

# 환경

---

# 자연

처음에
오직 자연이 있었다.

자연은 살아 있었다.
살아 있는 책이자, 음악이자 그림이었다.

자연은 건강했다.
맑은 공기, 맑은 물, 깨끗한 초목.

자연은 평온하였다.
푸른 하늘, 푸른 들, 푸른 산.

자연 안에 또 다른 자연, 인간이 있었다.

그는 몸과 마음을 지녔다.
자연을 입으로 먹고 마시며, 코와 피부로 숨 쉬며 몸으로
살았다.

자연을 눈으로 보고, 귀로 들으며, 혀로 맛보고, 코로 냄
새 맡고 피부로 느끼며  또한 마음으로 살았다.

인간은 건강한 자연을 마시고 먹어 몸이 건강했고 몸이
건강하므로 마음도 평온하였다.

인간은 또한 평온한 자연을 눈으로 보고, 귀로 들으며, 혀
로 맛보고, 코로 냄새 맡고 피부로 느껴
마음이 평온하였다.

그는 진정으로 행복했다.

진정한 행복은 인간의 처음 꿈이자 영원한 꿈이다. 그 꿈
은 처음에 이미 이루어졌다.

— 천국


푸성귀에
잡곡밥과 된장국

적당히 먹고
방문을 열고 걸어 나와
뜰 앞에 선다.

따스한 햇살이
온 누리에 가득
밝은 세상이다.

높고 푸른 하늘
푸른 산
맑은 공기
고요하다.

시간은 멈추고
세상은 남고
나는 사라진다.

— 진정한 행복


고요한 밭에서
채소가 잘 자라듯

평온한 마음에서
영혼이 잘 자란다.

바람 잔잔한 밭에
내린 비의 흔적이 없듯

평온한 마음에
생각의 흔적이 없다.

푸르른 밭에
밝은 태양이 내려앉듯

평온한 마음에
높은 하늘이 내려앉는다.

# 문명

자연에서 인간이 물질 형상을 창조했다.
인간에 의해 새로운 세계, 문명사회가 열렸다.

문명사회 초기, 인간은 건강한 자연 안에 살면서 평온
한 마음으로 오직 몸의 건강과 안전을 위해 평온한 문명
을 창조하였다. 이를 자연중심 문명사회, 즉, 선한 문명사
회라 한다.

시간이 흘렀다. 문명은 계속 창조되었다.
자연이 아닌 문명 안에서 인간이 거할 수 있을 정도로
문명은 확대되고 발전하였다. 인간은 그 안에서 종일 생

활하고, 배우고, 궁리하고 새로운 문명을 창조하는 등 문명 활동이 일상이 되었다. 마침내 문명이 인간의 또 다른 삶의 환경이 되었다.

문명적 일상으로 인간은 장시간의 집중적인 내적 활동을 하게 되었고 문명은 그 이전에 비해 훨씬 더 빠르게 발전하고 확대되었다. 문명이 심화되고 확대되어 갈수록 생존을 위해 인간의 번뇌는 가중되었다. 인간의 몸과 마음은 서서히 평온을 잃어가고 문명 또한 서서히 평온으로부터 멀어져 갔으며 자연 역시 평온을 잃어가게 되었다. 마침내 사회는 문명 중심으로 전환되었으며 번뇌의 문명사회, 즉, 악한 문명사회가 도래했다.

악한 문명사회에서 인간의 내부 공간은 지속적으로 강도 높게 활성화되었다. 이는 유전자를 진화시키는 압력으로 작용하였고 더욱 진화된 유전자는 내부 공간을 더 크게 성장시켰다. 더 커진 내부 공간은 더 강한 감각 기억을 형성하고 더 많은 주의와 의식이 내부 공간으로 끌려들어가는 '자폐'를 초래하였다.

이제 인간은 자신도 모르게 기억에 집착하고 내부 공간에서 집중적으로 마음 활동을 하게 되어 그곳으로부터 벗어날 수 없게 되었다. 몸을 위해서 문명을 창조하는 대신 마음을 위해 문명을 창조하게 되었다. 자신과 문명에 강한 애착을 가지고 정당화하기 시작했으며 자신이 세상의 중심이 되었다. 그리고 끝없이 새로운 문명을 꿈꾸며 더 발전된 문명사회의 모습으로 그 꿈을 이루어갔다.

더 발전되고 확장된 문명사회는 다시 그 안에서 생존해야 하는 사람들을 더욱 번뇌하게 하여 자폐가 심화되는 악순환이 계속되고 있다. 인간의 몸과 마음은 건강과 평온으로부터 더욱 멀어지고 있으며, 무분별하고 과도한 문명의 발전과 확장으로 인간의 삶의 환경인 자연과 문명사회가 더욱 빠르게 평온으로부터 멀어지고 있다.

## 유전과 환경

　모든 생명체는 진화한다. 생존 환경이 변화하고 그 변화에 적응하는 과정에서 생존을 위한 선택으로 진화가 이루어진다. 환경이 변화하면 그에 적응할 수 있도록 생명체의 신체적 조건의 변화에 대한 요구가 발생한다. 이는 유전자의 진화를 가져온다. 특정 근육을 계속 사용하면 그 근육이 더 강화되고 근육의 양이 늘어나는 것이 그 예가 될 수 있다. 더 많은 힘을 사용하도록 압력을 받은 근육의 유전자가 스스로 변화하여 더 많은 용량을 감당할 수 있는 수준으로 근육을 생성시킨 결과이다.

　선한 마음을 지닌 인간이 내부공간의 성장으로 악한 마음을 가진 사람으로 변하는 것 또한 진화론적인 현상이다. 인간의 환경은 처음 자연적인 환경에서 문명적인 환경으로 빠르게 변화해 가고 있다. 인간은 그 변화에 적응하기 위해 점점 더 강도 높은 내적 사고를 할 수밖에 없다. 내적 사고의 강도나 양이 계속 증가하면 유전자가 그 요구를 수용할 수 있는 크기로 내부 공간을 변화시켜 간다.

## ─ 진정한 희생

발은 발이고 손은 손이다.
발은 발이기에 발다워야 하고
손은 손이기에 손다워야 한다.

손은 발을 위하여
자신을 희생할 일이 없고
발은 손을 위하여
자신을 희생할 일이 없다.
손은 자신을 위해 일하지만
발도 위하게 되고
발은 자신을 위해 일하지만
손도 위하게 되는 것이다.

진정으로 자신을 위하면
남에게도 진정으로 이롭다.
이 세상에 희생이란 없다.

— 재주


곰이 사람의 눈을 사로잡는 것은
그가 부리는 재주 때문이다.

무지한 사람이
사람의 눈을 사로잡는 것도
그가 부리는 재주 때문이다.

손재주
몸재주
말재주
글재주
……


지나치게 화려한 재주는
그에게서 영혼을 펴가고
그 자리에 악을 채워 넣는다.

이는 스스로 속은 영혼이
진리로부터
받은 대가이다.

— 파멸


괴롭다.
술을 마신다.
괴롭다.
담배를 핀다.

마음의 짐을 벗어
몸에 지운다.

괴로움은 물 위에 뜨고
연기가 되어 허공으로 사라진다.
이제 괴로움은 없다.

그러나 몸이 가라앉는다.
술 주세요.
담배 주세요.

몸이 괴롭다.
술을 마신다.
담배를 핀다.

마음에서 벗어
몸에 지운 짐이
더 큰 짐에 되어
마음으로 다시 돌아온다.

괴롭다.
다시 술을 먹는다. 담배를 핀다.

몸의 짐까지 짊어진 마음이
헤어날 수 없는
괴로움의 늪에서 허우적거린다.

## 현대사회

　오늘날 정도의 차이가 있지만 자폐가 아닌 사람을 찾아보기 힘든 상황이 되었다. 처음 마음으로부터 점점 멀어지고 중간 마음을 지나 끝 마음에 이른 사람들의 수가 급속하게 증가하고 있다. 모두가 홀로 반짝이는 외로운 섬들처럼 서로 다른 사람들이 되어 가고 있다. 풍요로움 속 빈곤, 대중 속 고독, 방향 없는 다양성과 분열, 그리고 갈등과 불통의 포스트모던이즘의 시대에 이르렀다.

　많은 사람들이 자신 안에서 다수로 분열되고 강성해진 '나'로 인해 내적 갈등이 일어 마음이 평화롭지 못하고, 주인이 없거나 전도되며 무의식이 증가하고 있다. 개인의 기질, 성격, 능력 그리고 각자가 생각하는 행복과 가치도 점점 더 다양해지고 있다. 서로 다른 감각적 집착으로 먹고 싶은 것, 보고 싶은 것, 듣고 싶은 것, 소유하고 싶은 것, 즐기고 싶은 것, 알고 싶은 것, 배우고 싶은 것이 또한 달라져만 간다. 사람들은 한 방향으로 나아가기를 거부하고 모두 자신의 방향을 고집하니 모두가 법이고 모두가 길이 되었다. 다양한 행복이 서로 충돌하고 다양한 가치가 서로 충돌하고 있으며, 참과 거짓이 서로 혼재하며 참이 거짓이 되고 거짓이 참이 되기도 한다. 다양성은 사회를 더욱 풍요롭게 해주기는커녕 더 심한 갈등으로 이어져 사회는 평온으로부터 점점 더 멀어져 더욱 피폐하고 삭막해져 가고 있다.

'나는 이 세상의 중심이고 주인이다. 끝없이 꿈꾸고 창조하라. 그러면 나의 뜻대로 이루어지리라'고 외치며 많은 사람들이 생명이 없는 내부 공간 기억의 세계와 고도의 문명 세계를 오가며 점점 더 그 안에 갇히고 있다. 자신들이 창조한 화려한 문명과 기억 앞에서 스스로 감탄하고 자만하면서 그 안에서 행복해하고 있다. 지구촌 곳곳 거대 도시에는 하늘을 찌를 듯 웅장하고 화려한 고층 건물들이 솟아나고, 사람의 마음을 현혹하는 온갖 화려한 문명들이 찬란하게 반짝이고 있다.

많은 사람들은 자연적이기보다 문명적이며, 자연 의존적이기보다 문명 창조적이며, 자연 향유적이기보다 문명 향유적이 되어가고 있다. 살아 있는 생명의 자연보다 문명을 보고자하며, 자연의 말을 듣기보다 사람의 말을 듣고자 한다. 자연 안에서보다 문명 안에서 거주하며, 단순하고 소박한 자연식보다 화려하고 매혹적인 인위의 음식을 먹고 마시기를 좋아한다. 현학적이고 매혹적인 책, 영화, 음악, 미술, 스포츠, 게임 등을 즐기며 행복해한다.

많은 사람들이 쾌락의 욕망을 불태우고 있다. 보고, 듣고, 맛보고, 냄새 맡고, 만지는 감각활동에 집착하고 또 그것을 위해 번뇌한다. 더 많은 감각적 쾌락을 위해 부, 권력, 명예에 집착하고 그것을 위해 번뇌한다. 몸의 필요에 의해 먹고, 마시는 것이 아니라 집착의 마음이 먹고 마시니 배가 고프거나 목마르지 않아도 계속 먹고 마신다. 더 많은 지적 쾌락을 위해 발견 및 학습 등의 지적 활동에 집착하고 그것을 위해 번뇌한다. 일부는 지식 그 자체를 구하거나 배우는 데 열중하고, 일부는 부, 명예, 권력을 위해 지식을 구하거나 배우는 데 열중한다.

집착과 번뇌로 개인의 불행과 사회의 불행은 점점 더 심해지고 있다. 소통장애, 우울증, 조울증, 정신분열증, 싸이코패스, 소시오패스, 주의력결핍장애, 주의력결핍과잉행동장애, 자폐스펙트럼장애 등의 정신 질환이 증가하고 있으며, 폭력, 살인, 절도, 전쟁 등의 반사회적, 반인륜적 범죄들도 급격하게 증가하고 있다. 개인과 개인, 집단과 집단, 국가와 국가 간의 경쟁과 대립도 점점 더 심해지고 지능화되어 가고 있다.

인간의 몸과 자연환경 또한 더 심각하게 오염되고 파괴되고 있다. 사람들은 점점 더 다양하고 심각해진 질병으로 고통 받고 있고, 자연은 심하게 파괴되어 한순간도 없어서는 안 될 공기와 물, 음식은 계속 오염되고 있다. 강과 바다 심지어 우주 공간까지도 점점 더 많은 쓰레기로 오염되어 인간의 육체적 건강뿐만 아니라 인류의 생존 자체를 위협하고 있는 실정에 이르고 있다. 자원은 거의 고갈되어 가고 있으며, 온난화는 더욱 심화되어 지구촌 자연환경의 균형이 크게 무너지고 있어 곳곳에서 심한 한파, 폭우, 가뭄 등이 기승을 부리고 있다.

사회를 이끌어 가고 있는 지도세력은 이런 상황에 희망을 주지 못하고 있다. 정치는 '욕망'에 집착하여 끝없는 욕망을 계속 불러일으켜 감각적, 지적 욕구를 충족시키기 위해 진리 탐구와 문명의 급속한 발전을 더욱 부채질하고 있다. 자신이 어디에 있으며 어디로 가고 있는지도 모르는 눈먼 정치지도자들은 자신을 믿고 따르라고 소리 높여 외치며 사람들을 집착과 번뇌의 지옥(과도한 내적 사고가 이루어지고 있는 내부 공간) 속으로 더 밀어 넣고 있다. 부자는 계속 돈만 모으고, 문학가는 계속 소설이나 시만 쓰며, 예술가는 계속 노래만 만들고 그림만 그리거나 춤만 추고, 학자는 계속 연구만 하고, 교육자는 계속 가르치기만 하는 등 끝없는 길을 가고 있다. 인류 역사는 다양한 분야에서 위대한 업적을 남긴 반짝이는 자폐인들에 의해 주도되

고 있는 가운데 오늘날 명성이 높은 기업, 연구소, 교육기
관일수록 자폐인들로 넘치고 있다.

한편 종교는 '탈 욕망'에 집착하여 인간의 타고난 본성
인 욕망의 불꽃을 꺼야 한다고 소리 높여 외치고 있으나
그 목소리는 점점 더 힘에 겨워지고 있다. 현실로부터 요
원하고 확인하기 어려운 곳에서 인간의 불행의 원인과 해
결책을 찾고 그를 통해 구원이나 해탈을 외치고 있다. 종
교를 믿고 따르는 사람들은 마음속에 오직 하나님이나 무
아의 신전을 차리고 그 안에 머물며, 그 진리를 믿거나 깨
닫기 위해 내면에 집중하거나 많은 경전을 읽고 암송하는
등 내적 사고에 계속 머물고 있다.

정치와 종교는 더욱 분화되고 분열되어 다양한 정치가
서로 충돌하고, 다양한 종교가 서로 충돌하며, 경제, 예
술, 학문, 교육 등도 다양하게 분열되어 서로 충돌하니 현
대사회는 서로 소통하기 어렵고 경쟁과 갈등의 연속인 대
혼란 속으로 빠져들고 있다.

— 왕과 종

한 스승과 제가가 선거 유세장을 지나고 있다.

"한 표 줍쇼, 제가 왕이 되면
백성을 섬기는 종이 되겠습니다."

왜 저들은 저리 표를 구걸하는 것입니까?
제자가 물었다.

종으로 태어났기 때문이지.
왕으로 태어났다면 왕이 왜 구걸을 하겠느냐?
스승이 말했다.

종은 종이고 왕은 왕이다.

종으로 살기 위해 왜 왕이 되려 하겠느냐?
종으로 태어났으나
왕으로 살려고 하는 사람들이 아니냐.

섬기겠다고 하고
스스로 섬김을 받으려 하는 자들이 아니냐.

— 종교


어떤 종교의 목적도
인간의 마음 때문에 존재하고
마음 안에서 이루어진다.

평온한 마음!

삶은
때때로 비가 오기도 하고
눈 오고 바람 불기도 하지만
마음은
곧장 평온으로 돌아와야 한다.

나무를 믿어 평온에 이른다면
나무가 곧 길이요,

소를 믿어 평온에 이른다면
소가 곧 길이다.

— 따라와


왕이 외친다.
"따라와"


어디로 가시는데요?
너와 내가 모두 행복할 곳으로


행복이 어디에 있는데요?
나는 알아 그러니까
무조건 나를 믿고 따라와.


그런데
왜 높은 산과 큰 강을 계속 넘고 건너가나요?


행복이 그곳에 있기 때문이지
그러니 "따라와"

# 환경의 길

인간은 환경을 떠나서 생존할 수 없다.
인간이 건강한 몸과 마음을 유지하기 위해서는
건강한 자연과 문명의 환경에서 살아야 한다.

환경 안에 몸이 있고 몸 안에 마음이 있다.
건강한 환경이 있는 연후에 건강한 몸이 있고
건강한 마음이 있을 수 있다.
인간에게 건강한 환경은 도덕보다, 정의보다, 행복보다
우선한다.

오늘날 인간 삶을 위한 자연환경은 심하게 오염되고 파괴되어 인류 생존 자체를 위협하기에 이르렀고, 고도로 발달된 문명 환경은 끝없는 감각적 만족과 지적 만족을 위한 집착과 번뇌의 환경으로 변하고 있다.

문명 숲 거대도시에서 태어난 세대는 자연을 거의 체험하지 못하고 오직 문명과 더불어 평생을 살 수도 있는 환경에 처해있다. 그들은 자연으로부터 몸과 마음이 점점 멀어지고 감각적, 지적 문명에 매료되어 문명에 의한, 문명을 위한 끝없는 집착과 번뇌의 생활을 이어가고 있다. 주변은 온통 즐거운 것들로 가득해서 온갖 화려한 문명의 향기에 취해 몸과 마음이 한순간도 평온할 틈이 없게 되었다.

인간에게 육체적 노동은 생존을 위한 수단이자 행복을 위한 기본 조건이다. 고도로 발달한 문명사회에서는 문명 활동이나 문명창조를 통해 생계를 유지해야 하지만 아이러니하게도 문명이 발달할수록 인간은 노동으로부터 소외되고 있다. 문명이 발달할수록 소비를 미덕으로 추구하여 더 많이 생산하고 더 많이 소비하고 있다. 무분별하고 과도한 생산과 소비는 자연환경을 크게 위협하고 있다.

자연은 스스로 살아서 나름의 질서에 따라 작동하는 생명의 세계이다. 그러나 인간이 창조한 문명은 처음부터 끝까지 인간의 개입을 필요로 하는 무생명의 세계이다. 문명의 창조와 향유는 고도의 집중과 신중을 필요로 하며, 문명이 발달할수록 더욱 복잡하고 정교해진 사회 속에서 인간 생명에 대한 위협의 잠재성이 증가되고 있다. 초고층 건물에서 생활하고 대형 비행기와 선박을 이용하고, 정교한 장치가 장착된 자동차를 타면서 인간이 누리고 향유하는 문명의 이기들은 사고가 발생할 때마다 대형 참사의 가능성을 포함하고 있다.

문명이 발달할수록 인간은 더욱 커다란 생물학적 위험성에 노출되고 있다. 인간의 몸 안에는 수많은 미세한 생명체가 살고 있다. 인간은 자가면역체계를 통해 그들의 공격을 막아 건강을 지키고, 좀 더 강한 세균이 몸 안으로 침입하면 더욱 강화된 면역체계로 건강을 유지한다.

그러나 문명이 발달할수록 인간은 마음의 휴식이 없어지고 과로로 인해 면역이 약해지는 틈을 타 공격해 오는 미세 생명체들로부터 건강을 지키기 위해 인위적인 의약품을 개발해 사용하고 있다. 몸 안의 미세 생명체들은 자신들을 공격하는 화학물질로부터 살아남기 위해 스스로 면역을 강화시키면서 더욱 강해진 생명체로 거듭난다. 진화한 생명체는 인간의 몸이 약해질 때 다시 공격하게 되고, 이에 인간은 더욱 강력한 약을 개발하여 그에 맞서는 악순환이 반복된다. 이런 상황에서 새로운 약이 개발되지 않거나 개발 시기가 심하게 지체될 때 인간의 생명은 위험에 처할 수 있다.

　인간의 몸 밖 외부환경에서도 같은 일이 벌어지고 있다. 항생제와 살충제의 남용으로 점점 진화되어 강력해진 작은 생명체들이 출현하고 있으며 이로 인해 특정 지역의 인간을 포함한 동식물들의 생존이 크게 위협당할 수 있는 상상황이 벌어지고 있다.

인간의 문명 창조는 숙명적인 일이다. 인간 삶의 환경이 끝없이 변화하고 그 안에서 평온한 삶을 유지하는데 새로운 문명이 필요하기 때문이다. 그러나 적당한 문명발달은 인간과 자연 모두에게 이롭고 인간의 행복을 달성하기 위한 수단이 되지만, 무분별하게 고도로 발달되고 확산되는 문명은 인간의 마음을 현혹시키고 수단과 목적의 전도를 가져온다. 문명은 인간 스스로 통제가 가능할 때만 이로울 수 있으니 어느 문명이든 그것이 목적이 되고 인간이 수단이 되어서는 안 된다.

현대사회는 집착의 마음이 아닌 몸의 건강과 안전을 위해서만 문명을 창조하는 선한 문명사회를 회복해야 한다. 마음은 자연에 만족하고, 그 이상을 꿈꾸지 말며 몸의 건강과 안전을 위해 필요한 경우에만 제한적으로 문명을 창조해야 한다. 물론 이런 문명 활동조차도 제한적이고 평온한 마음으로 이루어져야 한다.

감각자극에 집착하여 더 많이 보고 소유하려 하며 끝없이 새로운 물질을 갈망하고 창조하고자 하는 욕구를 경계해야 한다. 몸의 평안이 유지되는 한 더 일할 필요도 없고 더 창조할 필요도 없다. 문명에 마음을 빼앗겨 옷과 집을 몸으로 입거나 살지 않고 눈으로 입고 살아서는 안 되며, 음식을 배고픔으로 먹지 않고 혀로 먹고 코로 먹고 눈으로 먹어서도 안 된다. 또한 지적 욕구에 집착하여 끊임없이 새로운 지식을 갈망하며 지적 탐구에 몰입하지 말아야 한다. 인간과 환경의 상호관계성의 법칙을 깨닫고, 그 법에 따라 살도록 교육해야 한다. 실생활에 직접 필요한 지식만을 제한적으로 교육하되 책을 통한 학습보다는 가능한 현장과 실제 삶 속에서 교육해야 한다. 과중한 학습으로 지식의 깊은 늪에서 신음하거나, 과중한 육체적 노동으로 몸이 피곤하고 지치게 해서도 안 된다.

인간의 몸과 마음의 건강을 유지하는 데 필요한 것은 자연으로부터 온다. 인간의 몸은 건강한 자연을 먹고 마심으로써 건강할 수 있고, 인간의 마음 또한 평온해진다. 자연의 건강과 평온이 유지되는 자연중심 문명사회가 선한 문명사회이다.

선한 문명사회로 나아가기 위해서는 오늘날 지구의 자연환경을 심한 위기로 몰아가는 소비 지향적이고 환경파괴적인 문명, 인간의 마음을 현혹시키는 현란하고 화려한 문명을 축소하거나 정리해야 한다. 이를 위해 '인간과 환경의 상호관계성의 법칙'에 따라 오직 '건강'과 '평온'만을 지향하는 지구촌 사회의 참된 새로운 지도 세력의 대두가 필요하다. 지구촌 사회의 다양한 모든 정치와 종교들은 오직 '인간과 환경의 상호관계성의 법칙' 아래 하나로 통합되어야 한다. 현대 사회의 정치는 극단적인 보수와 진보 또는 좌파와 우파로 서로 나뉘어 양극단의 첨예한 대립과 갈등을 포기하고 그 법 아래에서 모두 하나가 되어야 한다. 종교 또한 서로 다른 믿음으로 갈등하거나 대립하지 말고, 더 이상 눈 감고 지금 이곳으로부터 요원한 곳에서 진리를 구하지 말며, 눈만 뜨면 보이는 살아 있는 성전이자 진리인 인간을 포함한 자연 안에서 그를 보고 그의 진리를 구해야 한다.

선한 문명사회로 회복시킬 수 있는 참된 지도세력의 출현은 대중들에 의해 이루어진다. 때가 되면 지구촌 곳곳에서 인간의 다양한 사상과 이념을 모두 거부하고 '인간과 환경의 상호관계성의 법칙'을 통해 오직 '평온'만을 지향하는 개인들이 작은 불꽃으로 피어나 점점 더 큰 불꽃으로 성장할 것이다. 그리고 또 때가 되면 마침내 모든 백성이 왕이 되고 왕이 곧 모든 백성인 만인에 의해 만인을 위한 만인의 사회가 도래할 것이다. 이 또한 자연이다.

— 자유의지


자연은 오른쪽으로 돌고 있고
사회는 오른쪽으로 돌고 있다.
나는 어느 쪽으로 돌아야 하는가?

— 웰빙


옷은 무엇으로 입는가?
피부.
눈으로 입는 것이 아니다.


집은 무엇으로 사는가?
몸.
눈으로, 피부로 사는 것이 아니다.


음식은 무엇으로 먹는가?
배고픔.
혀로 먹는 것도, 코로 먹는 것도
눈으로 먹는 것도 아니다.

— 세심(洗心)


손이 더러울 때
비누로 세수를 한다.

발이 더러울 때
비누로 세족을 한다.

얼굴이 더러울 때
비누로 세안을 한다.

그러나
마음의 때는 무엇으로 닦아내는가

제 3 장

근원

# 대자연의 근원과 생성

   태초에 무한하고 텅 빈 우주 공간 안에 대자연의 근원이 있었다. 그 근원은 더 이상 분리될 수 없는 질적으로 서로 다른 상호 독립적인 세 개의 근원체로 구성되어 있는데, 하나는 물질 형상으로 나타나는 형상시동체(形象始動體)이고, 다른 두 개는 형상을 구성하는 재료인 기체(氣體)들로서 소리를 내는 음원기(音源氣)과 빛을 내는 광원기(光源氣)이다.

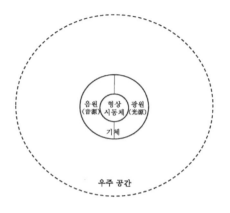

음원(音源) 형상 시동체 광원(光源)

기체

우주 공간

 

이는 태초에 셋이서 하나인 유일한 대자연의 근원형상
으로서 생명의 우주 씨앗, 우주 유전체이다. 이로부터 자
연 만물 형상이 나타나며 자연 만물 형상 속 유전체는 또
다른 생명의 자연 만물 형상으로 계속 나타난다. 두 기체
(氣體) 없이 시동체가 혼자서 만물 형상의 모습으로 나타
날 수 없으며, 또한 시동체 없이 기체만으로 만물 형상을
지을 수 없다. 이는 구슬이 있으되 실이 없거나 실은 있으
되 구슬이 없으면 목걸이가 만들어지지 못한 것과 같다.

형상 시동체는 스스로 완전하며 영원불변하다. 그 자체로서 생명성도 인격성도 나타나지 않으며, 생로병사의 변화와 소멸도 없다. 욕구가 일어나지 않아 감각작용과 지적 작용도 없으며, 희로애락 등 일체의 마음 작용이 없는 공(空)한 존재로 이는 우주 근원의 영원불변의 '절대(絶對)'이다.

형상 시동체는 기체를 끌어당겨 자신이 지닌 상호관계성에 따라 서로 연결하여 물질적으로 구조화된 만물 형상의 자연세계로 나타난다. 이 상호관계성을 이(理)요, 법(法)이요, 도(道)라고 한다.

때가 되므로 끝도 없는 우주 공간 속에 셋이서 하나인 우주 유전체로부터 두 기체(氣體)가 우주공간으로 분산된다. 우주 공간을 떠도는 두 기체는 스스로 지닌 인력에 의해 서로를 끌어당겨 연결된다. 그러나 아직 그곳에는 이들을 서로 연결하여 형상화하는 형상 시동체가 없으므로 기체들은 일정한 방향과 목적이 없이 그저 망망 우주 공간을 떠도는 무질서한 대혼란의 상태일 뿐이다.

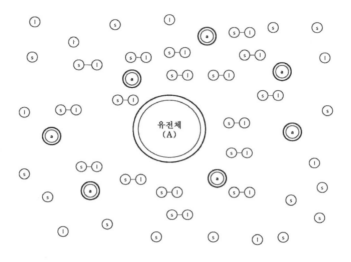

〈A나 a는 근원 유전체와 현상 유전체를 구별하기 위해 편의상 쓴 용어임〉

　그러나 혼란도 잠시, 두 기체가 우주 유전체로부터 이탈
함과 동시에, 가장 작은 물질 형상을 지을 수 있는 형상
시동체들이 복제되어 우주 공간으로 분산된다. 그리고 그
들은 주변의 기체들을 끌어당겨 서로 연결하여 극미한 물
질 형상으로 나타난다. 그러나 그들은 크기가 너무 작아
아직 눈에 보이지 않고 혼돈은 계속된다.

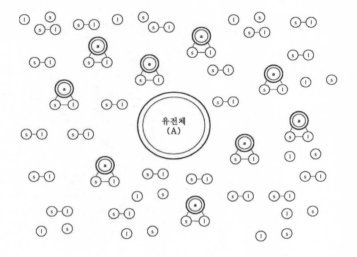

다시 때가 되므로, 우주 씨앗으로부터 거대한 형상들을
지을 수 있는 형상 시동체가 복제되어 혼돈의 공간에 나
타난다. 그들은 주변의 작은 물질 형상들을 끌어당겨 서
로 연결하여 스스로 거대한 물질 형상으로 드러나면서 또
한 스스로 복제되어 분리되고 서로 연결되어 또 다른 하나
가 된다. 서로 연결되어 있는 각각의 형상시동체들은 다시
기체들을 끌어당겨 서로 연결하여 복제와 분리를 계속하
면서 거대한 형상으로 성장한다.

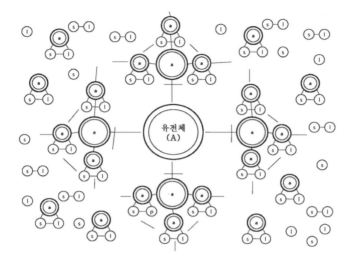

　한편으로는 거대한 형상들의 형상시동체들은 자신으로
부터 하위 형상시동체들을 복제하여 우주 공간에 낳는다.
그들은 주변으로부터 기체들을 끌어들여 서로 연결하면
서 스스로 성장하고 때가 되면 복제 분할되어 서로 연결되
고 또한 각각 성장하여 물질 형상들로 나타난다.

이렇게 우주 공간에 눈에 보이지 않는 매우 미세한 형상으로부터 태양과 같이 큰 형상에 이르기까지, 그리고 거대 행성들에서 소행성들에 이르기까지 층층이 서로 연결된 거대하고 무수한 행성들의 세계가 나타났다.

— 나(I)와 나(i)


처음이자 끝인 영원한 말이 있다.
나(I) 그리고 존재(Existence).

영원한 말이 말한다.
나는 존재한다(I Exist, I Be).
나는 말이다(I Am the Word).
나는 여기 있다(I Am Here).

말이 말을 낳는다.

그리고 그 말이 또 말한다.

나는 존재한다(i exist, i be).
나는 말이다(i am a word).
나는 여기 있다(i am here).

— 작은 큰 소리

저 사람은 왜 저렇게
큰 소리로 말하고 있습니까?

저 사람은
큰 소리로 말하고 있는 것이 아니네.

저렇게 외치는데
아무도 듣는 사람이 없질 않는가.

작은 소리는
크게 말해도
여전히 사람들에게 들리지 않는 법이지.

큰 소리는
말하지 않아도
이미 태초부터
온 세상에서 저렇게 크게 말하고 있질 않는가.

# 대자연과 지구의 생성

　우주 대자연은 우주 근원 형상이 물질 형상으로 드러난 생명의 세계이다. 즉, 우주 씨앗 속 형상 시동체가 두 기체를 통해 다양한 물질 형상들로 나타난 하나의 거대한 생명체이다. 대자연 전체의 생성은 아주 작은 이름 없는 한 생명체가 생겨나는 모습으로부터도 찾을 수 있다. 거대한 자연 생명체가 생성되는 과정이 대자연 안의 각각의 개체들의 생성 방식과 같기 때문이다.

　대자연의 근원과는 달리 물질 형상은 무상(無常)하고 유한(有限)하다. 물질 형상은 자연 근원으로부터 발아하여 나고 죽는 것을 주기적으로 반복하면서 계속 성장하지만,

최후의 때가 되면 성장의 주기가 멈추게 되고 마침내 모든 물질 형상들이 그 모습을 잃게 되고 다시 처음의 근원, 우주 씨앗으로 되돌아간다. 그러나 우주 씨앗은 다시 발아하고 또 다른 주기의 생명의 길을 계속 간다. 대자연은 근원의 공(空)한 유(有)가 물질 형상의 충분한 유(有)가 되고, 물질 형상의 충만한 유(有)는 다시 자연 근원의 공(空)한 유(有)로 되돌아가기를 끊임없이 반복하는 영원한 생명 그 자체이다. 전체적으로 보면 대자연이 있다고 말할 수도 없고, 없다고 말할 수도 없다. 있는 듯하면서도 없고, 없는 듯하면서도 있다.

지구는 우주 대자연의 근원이 물질 형상의 세계로 발현하는 역사 가운데 최하위층 행성 발현 단계에서 나타났다. 우주 근원 아래 행성들은 층층이 존재하고, 같은 층에는 수없이 많은 형제 행성 그룹들이 존재한다. 태양이 수성, 금성, 지구, 화성, 목성, 토성, 해왕성 등의 하위 행성들을 거느리고 있는 것처럼 각 층의 행성들은 서로 다른 여러 개의 하위 행성들을 거느릴 수 있으며 그런 형제 그룹들은 수없이 많이 존재한다.

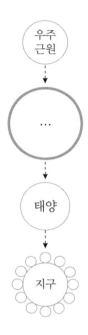

〈두 번째 원은 우주 근원에서 태양층 사이에 존재하는 무수한 행성 층〉

상위 단계의 행성인 태양으로부터 지구 유전체(형상 시동체)가 탄생했고, 이 시동체는 주변의 기체를 끌어당겨 서로 연결하여 지구라는 물질 형상으로 드러났다. 다시 지구의 유전체로부터 하위 유전체들이 복제되어 지구상에 물과 공기로 발현되고, 뒤를 이어 다양한 수목들로 나타나고, 다시 이어 인간을 포함한 동물들로 나타나 지구와 연결되어 하나가 되었다. 이들은 대자연 근원의 최하위층 물질 형상들로서 지구상에 나타난 최초의 식물(初 植子), 동물(初 動子), 그리고 인간(初 人子)이다. 비록 겉모습은 다르지만 이들은 모두 대자연의 근원을 닮은 근원의 자식이다. 그 후 이들은 다시 인간의 자식(後 人子), 동물의 자식(後 動子), 그리고 식물의 자식(後 植子)을, 그 후손 자식들은 다시 또 번식을 계속하며 영원한 생명을 이어간다.

지구는 그 자체로서 살아 있는 한 생명체이며 지구상 모든 생명체의 유전체를 낳아 양육하고 기르는 어머니의 자궁이자 품 안이다. 지구가 생성된 이후부터 지금까지 그리고 지구가 그 생명을 다하는 날까지 지구는 살아 움직이고 지구 내부의 활동은 계속되며 지구 가장 깊은 곳에 존재한 지구 핵 또한 그에게 주어진 역할을 계속 수행하게 된다.

지구 자연의 모든 물질형상들은 서로 연결되어 분리될 수 없고 상호 의존적인 하나의 생명체이다. 모두 스스로의 환경을 조성하는 존재이면서 또 환경에 의존하여 발현되고 성장하며 생존한다. 물, 공기, 햇빛이 식물의 발현과 성장에 필수적이고, 이들 모두는 또다시 인간의 생존과 연결되어 있다. 대자연 근원의 세 근원체가 서로 연결되어 분리될 수 없는 것처럼 지구 자연의 모든 물질 형상들이 또한 서로 연결되어 분리될 수 없다. 자연의 어느 한 개체가 다른 개체들로부터 독립된다는 것은 죽음을 의미하고 소멸을 의미한다. 대자연은 "내가 있음에 네가 있고 또 네가 있음에 내가 있다."라고 말하고 있다.

대자연의 모든 물질 형상들이 그렇듯이 지구상의 물질 형상들 모두 무상(無常)하다. 이들은 어느 한순간도 그대로 고정되어 있지 않고 변화한다. 이는 생명의 속성이다. 생명은 동(動)이며 변화이며 한순간도 같은 상태로 머무르지 않는다. 동과 변화가 없는 존재는 살아 있는 것이 아니며 그 움직임과 변화에 정도의 차이가 있을 뿐이다. 오늘의 하늘이 어제의 하늘이 아니며 오늘의 내 몸이 어제의 내 몸이 아니다.

## 지구생명체의 출현

　KBS(한국방송공사)가 방영한 글로벌다큐멘터리 '우주의 기적, 생명'의 제 2화 '생명이란 무엇인가'에 따르면 지구 깊숙한 내부의 힘에서 비롯한 열에너지가 표면으로 솟아나와 화학적 성질을 바꾸는데 그것이 최초의 생명을 낳은 에너지원을 제공했다고 보고 있다.

　지구상의 모든 생명체들이 어떻게 지구상에 나타난 것인가에 대한 시각은 다양하다. 그 중  최근에 설득력을 얻고 있는 주장은 외계에서 소행성을 통해서 생명체들이 지구에 유입되었다는 가설이다. 우주의 다른 곳에 존재하고 있던 생명체가 소행성이 지구와 충돌할 때 전이되었다는 것이다. 그러나 그 가설이 사실이라 하더라도 그 외계의 생명체는 어디에서 왔는가의 또 다른 근본적인 문제에 봉착한다. 그러나 자연의 근원 법칙에서 볼 때, 인간을 포함한 지구상의 모든 다양한 식물과 동물들은 모두 지구 중심의 유전체로부터 복제되어 발현된 것이다.

## — 공(空)과 유(有)

없음이 있는 것은
있음으로 나타나기 위함이다.

없음이 있는 것은
전체로 나타나기 위함이다.

없음이 있는 것은
생명으로 나타나기 위해서다.

없음의 목적은 있음이다.

― 색즉시공(色卽是空)  공즉시색(空卽是色)?

# 인간과 깨달음

　인간은 지구에서 가장 최후에 발현된 생명 형상으로 자신이 생존할 수 있는 모든 환경들이 갖추어진 후에 나타났다. 인간은 하늘과 땅, 별과 해와 달, 공기와 물, 그리고 온갖 생명체가 서로 연결된 지구상에, 즉, 먹을 것과 입을 것, 머물 곳과 보고 들을 것이 가득한 거대한 생명의 환경에 태어났다.

　우주 공간 안에서 대자연의 근원이 물질 형상으로 나타나는 것처럼, 지구 공간 안에서 대자연의 근원으로부터 이어지는 인간의 근원은 인간 몸의 물질형상으로 나타난다. 대자연의 근원 유전체가 층층의 발현을 통해 지구상에 낳은 인간 유전체는 스스로 복제하여 다른 자신으로 분할되면서 상호관련성에 따라 주변의 기체를 끌어당겨 서로 연결하여 물질적인 구조물인 인간 몸의 형상으로 나타난 것이다. 따라서 인간의 몸은 수많은 물질 형상 시동체들이 자신이 지닌 상호관계성에 따라 기체를 통해 스스로 나타난 작은 물질 형상들(세포들)의 세계이다. 이는 자연 근원의 형상시동체가 자연 만물 형상으로 드러나는 과정과 다르지 않다.

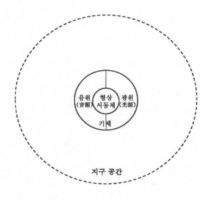

인간은 문명형상 시동체인 마음체을 지닌 존재로, 자극을 감각하고 인식하며 자극들 사이에서 상호관계성을 찾는다. 그리고 내부 공간에서 그 자극들은 상호관계성에

따라 서로 연결되어 물질적으로 형상화(구조화)되어 내부 지식을 이룬다. 인간의 지식은 빛과 소리의 기체들이 서로 연결되어 구조화된 물질적 형상들의 세계로서 빛과 소리의 살아 있는 에너지 구조물이다.

인간은 또한 자신이 찾은 상호관계성에 따라 외부 공간에서 자극(물질)들을 서로 연결하여 새로운 형상들을 창조한다. 이렇게 형성된 물질 구조물은 외부 지식이라고 한다.

인간이 형성한 내부 지식과 외부 지식이 곧 문명이다. 내부 공간에 형성한 지식은 내부 문명이고, 외부 공간에 형성한 지식은 외부 문명이다.

인간의 문명은 대자연의 세계와 닮았다. 대자연의 근원이 우주 공간에서 기체를 통해 자연의 물질 형상으로 나타난 것처럼, 문명의 근원인 마음체가 내부 공간이나 외부 공간에서 물질 형상의 세계를 형성한다. 대자연의 물질 형상의 세계는 자연 구조물, 즉 자연 지식이고, 문명의 물질 형상의 세계는 인공 구조물, 즉, 인공 지식이다.

그러므로 자연과 문명으로 구성된 세계는 지식 그 자체이다. 우주 공간이 지식으로 가득하므로 세상에 지식이 아닌 것은 아무것도 없다. 지식은 기(氣)와 상호관계성의 이(理)이자, 도(道)이자, 법(法)의 세계이다.

인간은 감각적, 지적 욕구를 지닌 자연 지식으로, 거대한 지식의 세계 안에서 자신을 포함한 세계를 감각하고 이(理)이자, 도(道)이자, 또는 법(法)인 상호관계성을 찾아 깨달음을 얻는다.

대자연 만물의 세계는 대자연 근원이 기(氣)를 통해 형상화되고 변화하는 지식의 세계이므로, 대자연의 근원과 현상은 서로 다르지 않으며, 그 생성과정 또한 현상에서 그대로 재현되고 있다. 따라서 대자연의 근원과 그로부터의 생성과정까지도 보고자 한다면 눈앞에서 생겨나고 변화하는 만물 현상을 있는 그대로 보면 되므로, 또한 그에 대한 깨달음이 있을 뿐이다.

## 인간

인간은 만물의 영장으로 불린다. 나약한 신체적 조건을 지닌 인간이 그렇게 불리는 이유는 지적 욕구와 능력 때문일 것이다. 인간은 자신과 세계를 알고자하는 욕구와 알 수 있는 능력을 동시에 지닌 존재다.

우주에서 오직 인간만이 자신을 포함한 대자연이 무엇인지 알 수 있는 존재이다.

욕구와 능력을 지닌 마음체가 진화하면서 인간은 우주 근원이 펼쳐 보이는 대자연의 발현의 역사를 거슬러 올라가 마침내 자신을 포함한 대자연 만물이 처음 어디에서 왔는지 알게 된다.

우주 근원으로부터 무수한 발현층을 통과하며 긴 여행 끝에 지구상에서 발현하게 된 인간은 자신이 누구인지 알게 된다.

— 하늘 같은 사람


이 세상에
사람 같은 하늘이 있는가?
하늘같은 사람이 있을 뿐이다.

사람의 하늘이다.

하늘은
오직 사람을 통해
사람에 대한
자신의 뜻을 이룬다.

— 자연

자연은 그 자체가 살아 있는 큰 말이다.
자연은 거짓말을 못한다.

자연은 항상 말하고 있다.
행복이 무엇이고 불행이 무엇인지
그리고 어떻게 살아야 하는지.

자연은 자신의 말을 강요하지 않는다.
다만 보여 줄 뿐이다.
그 말을 듣고 안 듣는 것도,
믿고 안 믿는 것도,
그 말을 따르고 안 따르는 것도
자유라고 말한다.

그러나 선택의 결과는 반드시 주어지고 그 결과는 네가
지금의 모습으로 존재하게 된 이유라고 말한다.

# 참고 논문[2]

## 1. 영재

Common and domain-specific cognitive characteristics of gifted students: An integrated model of human abilities. High Ability Studies, 16, 229–246.

Understanding Giftedness in a Cognitive Mechanism: A Candidate for a Universally Agreed Definition of Giftedness. 영재교육연구, 19, 261–277.

## 2. 자폐증

Understanding Autism in a Cognitive Mechanism: Why and How the Characteristics of Autism Appear. 특수교육학연구, 45, 115–130.

인지 메커니즘을 통한 자폐스펙트럼장애의 개념과 하위 유형의 재정립. 정서·행동장애연구, 29, 183–216.

영재성과 자폐성장애는 어떻게 공존하는가? 자폐성장애 영재의 인지 메커니즘에 대한 이해. 영재교육연구, 21, 595–610.

## 3. 학습장애

General and Domain Specific Cognitive Abilities of Gifted Students with Learning Disabilities (GLD): Understanding GLD in an Integrated Model of Human Abilities. 영재와 영재교육, 10, 161–188.

------------------------

2  참고 논문 제공으로 인하여 본문에는 인용 표기가 생략되었음.

## 4. 마음

인간의 마음은 어디에서 어디로 변해가는가: 두뇌 인지 메커니즘을 통해 본 인간 마음의 처음과 끝. 디지털정책연구, 11, 753-766.

## 5. 정서행동장애

근원적 인지 메커니즘을 통한 자폐스펙트럼장애와 정서행동장애의 상호 관계성 탐구. 정서·행동장애연구, 31, 245-268.

## 6. 지능

자연의 구조를 통한 지능 수준의 정의. 한국교육심리학회 발표논문집, 2014(3), 121-128.

## 7. 전문성

1% 전문가는 어떻게 탄생되는가? 근원적 인지 메커니즘을 통한 전문가 수행 요건 탐구. 한국교육심리학회 발표논문집, 2015(2), 53-59.

## 8. 행복

마음의 인과적 메커니즘을 통한 행복 정의 및 행복교육의 방향 탐구. 한국교육심리학회 발표논문집, 2015(3), 3-9.

Decode of Natural Law

# 자연법디코드
**나는 누구이며 어떻게 살아야 하는가**

**초판 1쇄**    2015년 09월 07일

**지은이**    송광한
**발행인**    김재홍
**디자인**    박선경, 박상아, 이슬기
**마케팅**    이연실

**발행처**    도서출판 지식공감
**등록번호**    제396-2012-000018호
**주소**    경기도 고양시 일산동구 견달산로225번길 112
**전화**    02-3141-2700
**팩스**    02-322-3089
**홈페이지**    www.bookdaum.com

**가격**    8,000원
**ISBN**    979-11-5622-112-8  03100

**CIP제어번호**    CIP2015023004
이 도서의 국립중앙도서관 출판시 도서목록(CIP)은 e-CIP 홈페이지(http://www.nl.go.kr/ecip)에서 이용하실 수 있습니다.